WERTELEITFADEN
für Führungskräfte

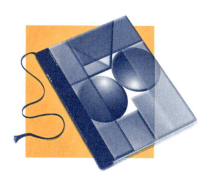

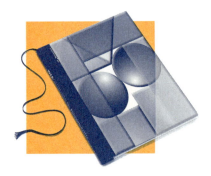

vdf Hochschulverlag AG
an der ETH Zürich

Rainer Willmanns,
Jürgen Brachetti, Marie-Luise Jansen,
Eberhard Morawa, Marco Witzel

WERTELEITFADEN
für Führungskräfte

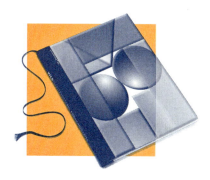

DEUTSCHER MANAGER-VERBAND e.V.
Potenziale entfalten. Unternehmen verändern.

Bibliografische Information Der Deutschen Bibliothek

Die Deutsche Bibliothek verzeichnet diese Publikation in der Deutschen Nationalbibliografie; detaillierte bibliografische Daten sind im Internet über http://dnb.ddb.de abrufbar.

Alle Fallbeispiele basieren auf wahren Begebenheiten. Zum Schutz von Firmen, Lokalitäten und Personen sind sowohl Namen, Branchen, Zahlen und Zusammenhänge insoweit verändert, dass Sinnzusammenhänge erhalten bleiben, aber Einzelheiten nicht erkennbar sind.

Das Autorenteam ist eine temporäre und zweckgebundene Gemeinschaft. Über das Buch hinaus gibt es keine wirtschaftliche oder rechtliche Verknüpfung der Autoren untereinander.

Das Werk einschließlich aller seiner Teile ist urheberrechtlich geschützt. Jede Verwertung außerhalb der engen Grenzen des Urheberrechtsgesetzes ist ohne Zustimmung des Verlages unzulässig und strafbar. Das gilt besonders für Vervielfältigungen, Übersetzungen, Mikroverfilmungen und die Einspeicherung und Verarbeitung in elektronischen Systemen.

Umschlaggestaltung:
Dreimalig Werbeagentur, Köln; Malte Belau, Duisburg

ISBN-10: 3-7281-3044-3
ISBN-13: 978-3-7281-3044-0

© 2006, vdf Hochschulverlag AG an der ETH Zürich, Zürich/Singen

1 Vorwort

Wer Führungskraft ist, fällt kontinuierlich Entscheidungen. Führen und leiten heißt entscheiden können, entscheiden wollen, oft genug aber auch entscheiden *müssen*. Und das wohl wissend, dass jede Entscheidung die Zukunft des Unternehmens, der Belegschaft und letztendlich auch sich selbst beeinflusst.

Dabei gibt es Entscheidungssituationen, die konfliktträchtig sind, gerade im Bezug auf persönliche wie gesellschaftliche WERte. Auswüchse wie Korruption, Betrug, Untreue, Vorteilnahme, Schmiergeld und Bestechung, Brüche mit der Rechts- und Steuersprechung oder kartellverdächtige Absprachen sind einige Folgen solch irriger Entscheidungen.

Der vom Deutschen Manager-Verband e.V. entwickelte WERteleitfaden für das Management versteht sich als wichtige und nützliche Stütze für jeden, der in der Unternehmensleitung tätig ist und täglich um die Verantwortung seiner Entscheidungen weiß. Dabei geht es nicht darum, anzuklagen, sondern einzig darum, bewusst zu machen. Denn wer sein *WERtiges* Rahmengerüst in seiner *Haltung* vor Augen hat, wird automatisch sein *Handeln* danach ausrichten. Entscheidungen werden klarer, leichter und daher auch effektiver. Karriere und Charakter sind fest miteinander verknüpft.

Im Gegensatz zu anderen Veröffentlichungen, wie z.B. dem „Corporate Governance Kodex", die sich vorrangig auf Finanzkennzahlen beziehen, bietet der Deutsche Manager-Verband mit diesem WERteleitfaden Antworten auf täglich gestellte Fragen, von den Betroffenen selbst, aber auch von Journalisten bzw. Belegschaften, über „Tun" und „Lassen" in der täglichen Berufspraxis. Dieses Handeln entscheidet über das „Wohl" und „Wehe" von Unternehmen. Damit will der DMV auch seinen jetzigen und zukünftigen Mitgliedern eine Lektüre reichen, die aus der Praxis heraus die Umsetzung bei den täglichen Führungsaufgaben unterstützt.

Wenn nun im Folgenden vom „Manager" die Rede ist, ist damit das Berufsbild gemeint, das Unternehmer, Manager, Führungskräfte und Selbstständige in männlicher und weiblicher Form zusammenfasst.

WERteleitfaden steht wofür?

Als eine Art Markenzeichen hat das Autorenteam im Wort WERteleitfaden das WER hervorgehoben. Wahrscheinlich werden auch Sie sich fragen, was es damit auf sich hat. Hier nun sind drei Bedeutungen des WER, zur geneigten Kenntnisnahme:

1. WER soll sich angesprochen fühlen?

- Manager, die spüren oder wissen, dass wirtschaftlicher Erfolg ohne Werte nicht dauerhaft ist
- Manager, die von praktischen Erfahrungen profitieren wollen
- Manager, die einen Beitrag zur Verbesserung des Ansehens der Manager leisten wollen
- Manager, die Werte als Persönlichkeitsmerkmal ansehen und sich weiterentwickeln wollen

2. WER versteht sich auch als Abkürzung.

WERte sind Grundlage für dauerhaften ökonomischen Erfolg und dienen der Erweiterung der persönlichen Weiterentwicklung. Daher stehen die Anfangsbuchstaben auch für:

W: Wachstum, Wahrhaftigkeit, Wahrheit
E: Ehrlichkeit, Effektivität, Erweiterung, Ergebnisse, Erfahrung, dass es ohne WERte nicht geht
R: Respekt, Relevanz, Rechtschaffenheit, Resultate

3. WERteleitfaden als DMV-Marke

Wie wichtig die Markenbildung für gute Produkte ist, bedarf an dieser Stelle keiner Diskussion. Der Deutsche Manager-Verband möchte die vorgegebene Schreibweise nutzen, um einen möglichst hohen Wiedererkennungseffekt zu gewährleisten.

Und wenn Sie dieses Werk gelesen haben, wird es Ihnen vielleicht wie dem Autorenteam ergehen. Man kann sich gar nicht mehr vorstellen, dass WERteleitfaden anders geschrieben werden könnte als in der hier vorgestellten Art und Weise!

Gute Ideen, Erkenntnisse und konkrete Anregungen für das operative Geschäft wünschen Ihnen im Namen

der mitwirkenden DMV-Mitglieder:

Dr. Jürgen Brachetti
Marie-Luise Jansen
Eberhard Morawa
Marco Witzel

und Rainer Willmanns
DMV-Vorstandsvorsitzender

sowie die DMV-Vorstandsmitglieder:
Christian Philipps (1. Stellv. Vorsitzender),
Lutz Garpheide und Norbert Sewtz

2 Inhaltsverzeichnis

1	**Vorwort**.	5
2	**Inhaltsverzeichnis**	9
3	**Einleitung**.	15
4	**Lebenswirklichkeit des Managers**.	17
5	**Selbstbild und Menschenbild**	18
6	**Tugenden und WERte**.	20
6.1	Anerkennung der Existenz langfristig gültiger WERte	20
6.2	Tugend der Mäßigung.	20
6.3	Wahrhaftigkeit.	20
6.4	Gerechtigkeit.	21
6.5	Loyalität, Berechenbarkeit und Vertrauen.	21
6.6	Langfristige Orientierung	21
6.7	Übernahme von Verantwortung	21
6.8	Zivilcourage, Konfliktfähigkeit und Toleranz	21
7	**Konkrete Umsetzung**	23
7.1	Gesundheit	23
7.2	Persönlichkeit und Reflexion	23
7.3	Koordinatensystem.	23
7.4	Entscheidungskraft.	24
8	**Unternehmensgrundsätze, -kultur und -organisation**.	25
8.1	Langfristige Orientierung des Unternehmens	25
8.2	Unternehmensgrundsätze	25
8.3	Erfolgskriterien des Unternehmens	26
8.4	Organisationsgestaltung.	26
8.5	Vertragsgestaltung für das Management	27
9	**Appell: Wir können es!**.	28
10	**„2*7" EISERNE EMPFEHLUNGEN**	29

11 Praxis- und Fallbeispiele **32**

11.1 Korruption *33*
11.1.1 Ausgangssituation 33
11.1.2 Der Knackpunkt 33
11.1.3 Herausforderung 33
11.1.4 Persönliche Lösungsebene für den Bürgermeister 34
11.1.5 Lösungsebene im Verwaltungsgeschehen 35

11.2 Kurzfristiges Denken und WERtevernichtung *37*
11.2.1 Ausgangssituation 37
11.2.2 Der Knackpunkt 37
11.2.3 Herausforderung 37
11.2.4 Persönliche Lösungsebene für die Führungskraft 38
11.2.5 Lösungsebene im Organisationsrahmen 40
11.2.6 Kernhinweis 40

11.3 Streit und Konflikte *42*
11.3.1 Ausgangssituation 42
11.3.2 Der Knackpunkt 42
11.3.3 Herausforderung 42
11.3.4 Persönliche Lösungsebene für die Führungskraft 42
11.3.5 Lösungsebene im Organisationsrahmen 43

11.4 Veruntreuung *45*
11.4.1 Ausgangssituation 45
11.4.2 Der Knackpunkt 45
11.4.3 Herausforderung 45
11.4.4 Persönliche Lösungsebene für die Geschäftsleitung 46
11.4.5 Lösungsebene im Organisationsrahmen 47
11.4.6 Umgang mit der Krise 48

11.5 Anstiftung zum Versicherungsbetrug *50*
11.5.1 Ausgangssituation 50
11.5.2 Der Knackpunkt 50
11.5.3 Handlungsalternativen für den Kunden 50
11.5.4 Lösungsebene für den Kunden 52
11.5.5 Lösungsebene für den Glasbauer 53

11.6	*Mauschelei im Familienbetrieb*	55
11.6.1	Ausgangssituation	55
11.6.2	Der Knackpunkt	55
11.6.3	Persönliche Lösungsebene für die Tochter	56
11.6.4	Lösungsebene im Organisationsrahmen	59
11.7	*In der Zwickmühle von Position und Aufgabe*	61
11.7.1	Ausgangssituation	61
11.7.2	Der Knackpunkt	61
11.7.3	Persönliche Lösungsebenen für den Vorstand	62
11.7.4	Für die Führungskraft im Personalbereich	63
11.7.5	Lösungsebene im Organisationsrahmen	65
11.8	*Stress – Burn-out – Mobbing*	66
11.8.1	Ausgangssituation	66
11.8.2	Der Knackpunkt Mitarbeiterfluktuation	66
11.8.3	Persönliche Lösungsebenen für den Geschäftsführer und für die Führungskraft im Personalbereich	67
11.8.4	Lösungsebene im Organisationsrahmen	68
11.8.5	Kernhinweis	68
11.9	*Intrigen und Gemütlichkeit*	69
11.9.1	Ausgangssituation	69
11.9.2	Der Knackpunkt	69
11.9.3	Persönliche Lösungsebenen für die Führungskraft	70
11.9.4	Lösungsebene im Organisationsrahmen	71
11.9.5	Kernhinweis	73
12	**Interview mit Manfred Maus (OBI) und Wolfgang Thiele (GRID)**	**75**
13	**Interview mit Fred Hürst, Hyatt**	**80**
14	**Interview mit Prof. Dr. Norbert Walter**	**83**
15	**Roundtable-Gespräch**	**87**

16	**Krisen-Kompetenzen von Führungskräften**	**91**
16.1	Ressourcenorientierung	91
16.2	Elastizität und Courage	92
16.3	Typische Managementfehler vermeiden	93
17	**Die Bedeutung des Umfeldes für den Einzelnen**	**95**
17.1	Loyalität	95
17.2	Vertrauen	97
17.3	Zukunftsglaube	97
17.4	Visionen, Ziele und die Kohärenz zu dem gezeigten Verhalten der Führung	98
17.5	Leistungsgemeinschaft	99
17.6	Prozyklisches Denken	100
18	**Hinweise für das Verhalten im Alltag**	**103**
18.1	Mut, zu seinen Überzeugungen zu stehen	103
18.2	Delegieren: Ermächtigung und Verantwortung	104
18.3	Vertrauensvorschuss	105
18.4	Handlungsmöglichkeiten, falls das Umfeld nicht stimmt	106
19	**Checklisten**	**108**
20	**Fragebogen zur Selbsteinschätzung**	**112**
20.1	Teil I: Person, persönliche Werte und Wohlbefinden der Führungskraft	113
20.2	Teil II: Werte und Führungsverhalten	115
20.3	Teil III: Team und Abteilung	117
20.4	Teil IV: Unternehmen	119
20.5	Teil V: Marktumfeld und Unternehmen	121
21	**Vertrauen und Datenschutz**	**123**
21.1	Persönliche Ebene des Führenden	123
21.2	Die organisatorische Ebene	124
21.3	Fazit	125
22	**Firmen-Statements**	**126**
22.1	Statement von Dreimalig Werbeagentur	127
22.2	Statement von The Right Way GmbH	128
22.3	Statement von UMBREIT ASSOCIATES	129
22.4	Statement von Dynevo GmbH	130

23	**Autoren und Mitwirkende**	**132**
23.1	Dr. Jürgen Brachetti	134
23.2	Marie-Luise Jansen	135
23.3	Eberhard Morawa	136
23.4	Rainer Willmanns	137
23.5	Marco Witzel	138
24	**Literaturhinweis**	**139**
25	**Links im Web**	**143**
26	**Index**	**144**

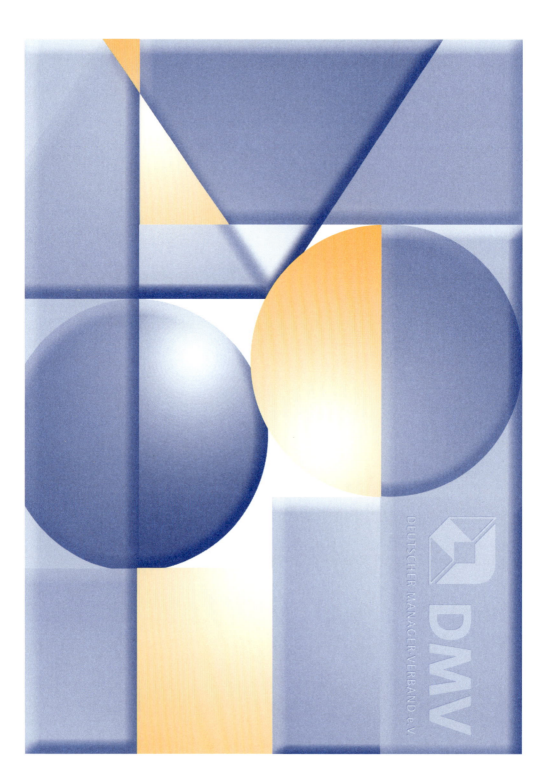

3   Einleitung

Jeder Mensch, der seine Führungsaufgabe lebt, wird täglich konfrontiert mit einer Unzahl heikler Situationen, in denen Entscheidungen gefällt werden müssen. Das Konfliktpotenzial für sich selbst, für sein Unternehmen und für die Gesellschaft an sich ist nicht selten erdrückend. Außerdem: In der aktuellen Debatte über das Verhalten von Topmanagern erlebt die WERtediskussion eine neue Konjunktur. Diese Diskussion wird oft instrumentalisiert für politische bzw. ideologische Zwecke. Die Folge: Frontstellungen werden aufgebaut, die einer genaueren Betrachtung nicht stand halten:

- a: Kapitalismus/Globalisierung einerseits /
- b: Sozialismusromantik andererseits!

- a: Erfolgreiche, aber skrupellose Manager einerseits /
- b: der ehrbare kleine Mann andererseits.

- a: Einerseits werden WERte im Wirtschaftsleben eingefordert /
- b: andererseits werden WERte als irrelevant und erfolgsschädlich dargestellt: Der „Nutzen" zähle und nicht die Wahl der Mittel. Es wird unterstellt, dass ein guter Manager in der Wahl seiner Mittel nicht zimperlich sei, sein solle oder sein dürfe.

Mit Blick auf *die Bedürfnisse des Managers* wird in diesem WERteleitfaden dargelegt, dass WERte nicht nur im sozialen Bereich bedeutsam sind, sondern auch im Wirtschaftsleben für eine stabile, langfristige Unternehmensentwicklung nützlich und sogar unabdingbar sind. So wie Gesetze das menschliche Zusammenleben regeln und einen berechenbaren Handlungsrahmen bieten, so regeln WERte das menschliche Verhalten untereinander und zu sich selbst.

Moral, Philosophie und Religion bieten Regeln, Hinweise, Wege an, deren Beachtung es dem Tatkräftigen ermöglicht, mit sich selbst dauerhaft in Freundschaft leben zu können – und als soziales Wesen auch mit anderen. WERte müssen universell sein und für alle gleichermaßen gelten.

Sonderrechte für Einzelne führen zu moralischem Nihilismus, womit sich keine stabile Gesellschaft errichten lässt. Dauerhaftigkeit und Verlässlichkeit bei der Einhaltung der WERte sind Voraussetzung für langfristige Planungen und Investitionen für den Einzelnen wie für ganze Unternehmen – ja für die gesamte Gesellschaft.

4 Lebenswirklichkeit des Managers

Ein Kennzeichen des Managers ist, dass er Erfolg will und Erfolg haben muss. Dies erfordert Fokussierung und das Setzen von Prioritäten. Da die Lebensbereiche, denen ein Manager unterworfen ist, nicht immer perfekt planbar sind und diese dem Willen des Managers nicht nach Wunsch gehorchen, sind Zielkonflikte vorprogrammiert.

Einige Beispiele:

I. Seine beruflichen Aufgaben gut erfüllen und Karriere machen muss nicht unbedingt deckungsgleich einhergehen, vor allem wenn ethische Maßstäbe beachtet werden.

II. Dem Unternehmen dienen und seinen Mitarbeitern ein guter Vorgesetzter sein, führt zu Zielkonflikten.

III. Auch die Familie hegt Erwartungen, sowohl im Engagement als auch bei der zeitlichen Verfügbarkeit.

IV. Die Erhaltung der eigenen Gesundheit braucht ebenfalls Zeit. Zeit, die bei einem endlichen Tagesbudget begrenzt ist.

Diese teilweise gegensätzlichen Anforderungen sind nur handhabbar, wenn der Manager sich seiner Ziele und Prioritäten, aber auch seiner persönlichen Ressourcen bewusst ist.

Er braucht ein *Koordinatensystem*, das ihm Klarheit über das „Wie" seiner Handlungen gibt, z.B.:
„Wie weit geht ein Vertriebsmanager, um einen Auftrag zu erhalten?" Ist er bereit, gegen das Gesetz zu verstoßen (Bestechung) oder (auf moralischer Ebene) Versprechen nicht einzuhalten?

Ein WERtesystem hilft dem Manager, die Grenzen seiner Entscheidungen abzustecken und mit den Konsequenzen zu leben.

5 Selbstbild und Menschenbild

Manager als aktiv Handelnde in der Wirtschaft sehen sich in dieser Rolle mit der Aufgabe betraut, in ihren Entscheidungen die Wirtschaftlichkeit, d.h. Profitabilität, in den Vordergrund zu stellen. Im Gegensatz zu einem Künstler setzt der Manager vorrangig auf rationale, auf Kennzahlen basierende Entscheidungen.

Es liegt nahe, dass der Manager sich mit dem Begriff des „Homo oeconomicus" (H.O.) identifizieren will. Dieser entscheidet sich aus einer Menge von Alternativen für die Möglichkeit, die ihm nach rationalem Kalkül den größtmöglichen Vorteil bietet.

Ein Gegenentwurf zum „Homo oeconomicus" ist das Bild des „ehrbaren Kaufmanns". Bei allen wirtschaftlichen Vorteilsabwägungen zieht er Faktoren wie Seriosität, Glaubwürdigkeit, Berechenbarkeit etc. in Betracht. Verträge braucht er eigentlich nicht, sein Wort oder der Handschlag sind verlässlich.

Thomas Mann lässt in den Buddenbrooks den Rat für einen hanseatischen (ehrbaren) Kaufmann lauten: „Gehe tagsüber Deinen Geschäften mit Lust nach, aber mache nur solche, dass Du nachts ruhig schlafen kannst."

Die Losung von Donald Trump dagegen lautet: „Geschäfte, bei denen man nachts schlafen kann, bringen nichts ein."

Je nachdem für welche der beiden Positionen man sich entscheidet, wird man ein unterschiedliches Menschenbild haben (müssen). Der ehrbare Kaufmann wird moralische WERte bei seinen Handlungen und denen seiner Geschäftspartner zugrunde legen, der H.O. dagegen wird moralische WERte eher als taktisches Mittel bei der Vorteilserzielung einsetzen und anderen dies ebenfalls unterstellen.

Aus diesen Überlegungen heraus ergibt sich folgende Frage:
Sind diese beiden polaren Positionen so relativ, dass man nach Gusto eine davon zu seinem Leitbild wählen könnte? Die Darstellung der aktuellen Wirtschaftspraxis scheint die Antwort längst zu liefern: Der ehrbare Kaufmann ist altmodisch und naiv, der H.O. ist der einzig Er-

folgreiche. So einfach jedoch ist es nicht, sonst gäbe es derzeit keine Verwerfungen in der Gesellschaft. Ein DMV-WERteleitfaden wäre nicht notwendig.

Nach der oben genannten Definition des H.O. ist nicht geklärt, was mit Vorteil gemeint ist: der schnelle persönliche Vorteil des Einzelnen oder der langfristige Vorteil für das Unternehmen? Wenn moralische WERte als taktisches Mittel eingesetzt werden, dann ist vertrauensvolle Teamarbeit nicht mehr möglich, da jeder gegen jeden kämpft.

Wissenschaftlich ist der H.O. widerlegt.

Der Mensch entscheidet sich nicht nach den genannten rationalen Regeln, sondern nach den Regeln, welche die Gemeinschaft aufstellt und die ihm ein Überleben in dieser Gemeinschaft sichern. Dem H.O. wird moralischer Nihilismus nachgesagt – ein Fundament für eine stabile Gesellschaft kann dieses Bild nicht sein.

6 Tugenden und WERte

Eine Lösung zu dem Problem des Selbstverständnisses liegt in der Antwort auf die Frage, ob der (gute) Zweck das (schlechte) Mittel heiligt? Ist es zulässig, 5 oder 10 Menschen zu opfern, um 1000 Menschen zu retten, oder: Sind Vertragsbrüche erlaubt, um das wirtschaftliche Überleben eines Unternehmens zu sichern?

Philosophen und auch die führenden Religionsgemeinschaften beantworten diese Frage mit NEIN: Auch der gute Zweck heiligt nicht das schlechte Mittel. So gibt es Handlungen, die absolut zu unterlassen sind, wie z.B. in den 10 Geboten formuliert. Hilfestellung, welche Kriterien beim alltäglichen Verhalten zu beachten sind, um ein gutes und mit anderen Menschen dauerhaft verträgliches Leben zu führen, bieten sowohl z.B. Kant mit seinem kategorischen Imperativ als auch das Christentum mit seinem Gebot der Nächstenliebe.

Für den Manager kann die Beachtung folgender *Kriterien* nützlich sein:

6.1 Anerkennung der Existenz langfristig gültiger WERte

WERte sind nicht relativ und beliebig, sondern universell und dauerhaft, um Berechenbarkeit und Stabilität zu erzeugen und zu bewahren.

6.2 Tugend der Mäßigung

Die Tugend der Mäßigung beinhaltet zwei Aspekte, das Vorgehen und die Ausgewogenheit. Ersterer bedeutet, Ziele nicht um jeden Preis erreichen zu wollen, in dem Sinne, dass der Manager buchstäblich zu allem fähig und bereit ist. Der zweite Aspekt beachtet die Balance mehrerer Zielparameter im Gegensatz zur Maximierung einiger weniger, wie z.B. Profit, Aktienkurs etc.

6.3 Wahrhaftigkeit

Wahrhaftigkeit ist notwendig als Voraussetzung für Vertrauen und Verlässlichkeit. Diese setzt Kräfte frei. Menschen spüren, dass jemand die Wahrheit spricht und man offen und kooperativ sein kann.

6.4 Gerechtigkeit

Gerechtigkeit muss so verstanden werden, dass Regeln, auch moralische, für alle gelten und von allen eingehalten werden müssen. Verstöße gegen die Regeln müssen sanktioniert werden. Gerechtigkeit basiert also auf allgemeingültigen Regeln, die – der Situation angepasst – angewendet werden.

6.5 Loyalität, Berechenbarkeit und Vertrauen

Loyalität, Berechenbarkeit und Vertrauen stellen zusammen ein Gefüge dar, das für Mitarbeiter und Vorgesetzte gleichermaßen gilt, insbesondere in kritischen Situationen.
So lässt sich der Kampf „jeder gegen jeden" vermeiden.

6.6 Langfristige Orientierung

Langfristige Orientierung ist unerlässlich für alle Aktivitäten, die Planungen und Reifezeiten sowie Investitionen erfordern. Das gilt ebenso für die Bewertung von Ergebnissen mit ihren Folgen.

6.7 Übernahme von Verantwortung

Die Übernahme von Verantwortung ist Voraussetzung für effektiv zusammenarbeitende Teammitglieder. Andernfalls werden taktische Spielchen gespielt (Sand im Getriebe).

6.8 Zivilcourage, Konfliktfähigkeit und Toleranz

Zivilcourage, Konfliktfähigkeit und Toleranz bilden die Grundlage für den lösungsorientierten Umgang mit Auseinandersetzungen, die in betrieblichen Prozessen zu jedem Zeitpunkt entstehen können.

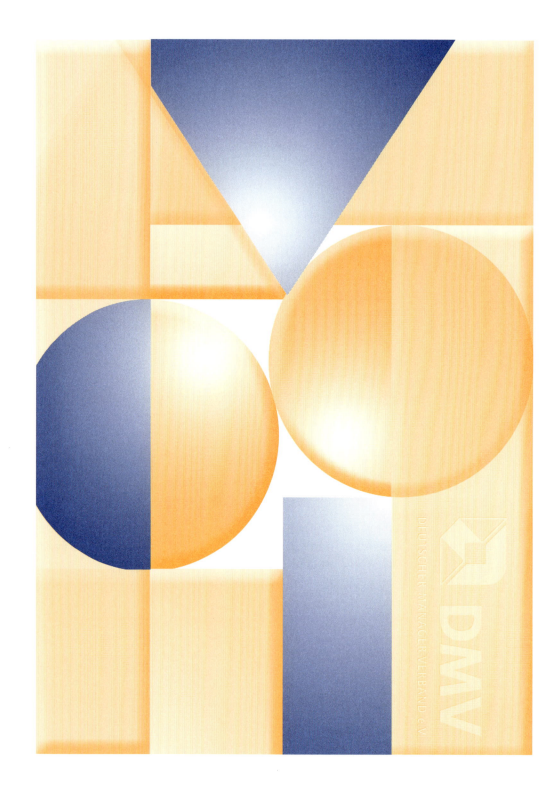

7 Konkrete Umsetzung

Aus den bisherigen Erläuterungen ergeben sich vier Umsetzungsschwerpunkte, die zur Lebensaufgabe einer Führungskraft mit Verantwortung gehören:

7.1 Gesundheit

Leistungsfähig kann auf Dauer nur sein, wer auf seine körperliche und seelische Gesundheit achtet.

- Die körperliche Gesundheit ist vielen Managern bereits im Bewusstsein.
- Die Bedeutung seelischer Gesundheit wird gerne unterschätzt.

Ein wesentlicher Charakterzug des Managers sollte das Beachten des seelischen Wohlergehens bei sich und anderen sein, denn Körper und Seele bedingen sich gegenseitig (Salutogenese / Antonowsky).

7.2 Persönlichkeit und Reflexion

Authentisch ist, Entscheidungen zu treffen, auf die man selbst stolz ist. Selbstreflexion und Bescheidenheit vermeiden Korrumpierung durch Macht, Geld, Erfolg …

Man selber muss sich hüten vor Opportunismus. Eine eigene Meinung entwickeln und die Meinung anderer tolerieren fördert den Selbstwert und den Aufbau eines persönlichen Koordinatensystems.

7.3 Koordinatensystem

Ängste verringern, in seinem Umfeld Ruhe schaffen, Kontinuität bewahren und (Zukunfts-) Vertrauen aufbauen sind Parameter eines persönlichen, ausgewogenen Koordinatensystems.

So werden Chancen nicht blauäugig überschätzt und Risiken nicht ängstlich überbewertet.

7.4 Entscheidungskraft

Wille, Mut und Verantwortung, Entscheidungen zu treffen und dazu zu stehen, sind Schlüsseleigenschaften des Managers.

Der Manager sollte nur solche Geschäfte tätigen, bei denen er noch „gut schlafen" kann. Seine Entscheidungen sollten auch andere „gut schlafen" lassen.

Natürlich gibt es Phasen von schwierigen und harten Entscheidungen. Doch diese dürfen nur ausnahmsweise und temporär sein und müssen, wann immer möglich, kommuniziert, die Gründe dafür offen gelegt werden, um Vertrauen zu erzeugen bzw. zu erhalten. Ein permanenter Krisenmanager schafft keine Stabilität und damit kein Fundament für Wachstum.

8 Unternehmensgrundsätze, -kultur und -organisation

Selbst der beste Schwimmer wird es nicht schaffen, in einem Sumpf statt in klarem Wasser seine volle Leistung zu erbringen. So wichtig es ist, dass das Unternehmen die besten Schwimmer beschäftigt, so wichtig ist es für den Schwimmer, dass das Unternehmen für die Qualität des Wassers sorgt. Wenn hier definierte Grundsätze, eine förderliche Unternehmenskultur und eine funktionierende Unternehmensorganisation vorliegen, erweist sich ein Unternehmen auch in schwierigen Zeiten als tragfähig und zu jeder Zeit als wettbewerbsfähig.

8.1 Langfristige Orientierung des Unternehmens

Strategische Unternehmensentscheidungen müssen langfristig angelegt sein. Kriterium ist die Unabhängigkeit der Entscheidungen vom Karrierezyklus des Managers.

Für die operativen Entscheidungen gilt das Prinzip der *Ausgewogenheit* für eine langfristige wirtschaftliche Exzellenz des Unternehmens.

Flexibles und kreatives Handeln hilft, auf ein sich schnell veränderndes Umfeld konstruktiv einzugehen.

Unrealistische Forderungen, die unter Druck realisiert werden sollen, haben den Charakter von Verzweiflungstaten und verspielen den Motivationsbonus und das Vertrauen von Mitarbeitern und Kunden.

8.2 Unternehmensgrundsätze

Maßhalten und Ausgewogenheit verbinden und stützen die Interessen von Unternehmen, Kunden, Mitarbeitern, Lieferanten, Anteilseignern und Gesellschaft. Die Kultur des Miteinanders ist geprägt von Grundsätzen wie Legalität, Loyalität, gegenseitigem Respekt und Beständigkeit in den Aktivitäten.

Wichtig ist aber auch die WERtschätzung von konstruktiven, durchaus auch konträren Meinungen: Wer nie gegen den Strom schwimmt, erreicht nie die Quelle. Es gilt zu erkennen, wann mit Vollgas in die falsche Richtung gefahren wird. Und ein in einem solchen Dialog im Unternehmen erreichter Konsens verbessert Handlungsfähigkeit und Resultate.

Unternehmensexzellenz braucht den Willen zu Erfolg, Engagement und Leistungsfreude. Die Leistungskultur impliziert Klarheit darüber, was als Leistung honoriert wird und wie weit Mitarbeiter im Innen- und Außenverhältnis gehen dürfen.

8.3 Erfolgskriterien des Unternehmens

Im Gegensatz zu *eindimensionalen* Erfolgsbeurteilungskriterien, wie

- Umsatz pro Woche,
- Abschlüsse im Monat,
- Rendite im Quartal,
- Gewinnsteigerung pro anno,
- Aktienkursentwicklung über die Vertragslaufzeit

ist die Beachtung einer ausgewogenen Vielfalt von Erfolgskriterien und ihrer gegenseitigen Abhängigkeiten zu betonen. Aus diesem Grund ist eine Personalkostenreduktion *ausschließlich* zur Verbesserung der Renditekennzahl langfristig ökonomisch, psychologisch, moralisch und sogar wirtschaftlich sinnlos.

8.4 Organisationsgestaltung

Zur Förderung der Deckungsgleichheit von Kompetenz und Verantwortung stehen u.a. folgende Elemente in der Organisationsgestaltung zur Verfügung:

- Mehraugenprinzip
- Parallelität von eindeutigen Berichtswegen und Firmenstruktur
- Klare Zuordnung von Mitarbeitern zu Vorgesetzten
- Nach innen völlige Offenheit, nach außen Umsicht.

Vertrauenskultur bedeutet die Bereitschaft zu Vertrauensvorschuss gegenüber jedem Mitarbeiter. Die Auswahl der Mitarbeiter aller Ebenen erfolgt sorgfältig in Bezug auf Fähigkeiten und WERtevorstellungen zur Verankerung dieser Grundsätze in der Organisation.

8.5 Vertragsgestaltung für das Management

Belohnungssysteme sollten sich auf ein ausgewogenes Portfolio von *langfristig* relevanten Erfolgskriterien beziehen. Die Vertragslaufzeit sollte so lang bemessen sein, dass die Rückwirkung der getroffenen Entscheidungen auf den Manager gegeben ist.

9 Appell: Wir können es !

Es ist Zeit zu handeln! Es ist Zeit für den Wandel!

Perspektive, Optimismus, Tatkraft, WERtegerüst und Vertrauen sind Elemente unserer Zukunft! Eine neue Ernsthaftigkeit und Mut zu Wahrheit und Verantwortung sind jetzt Zeitgeist. Wir müssen beginnen – jetzt – uns, unsere Gesellschaft und unsere Wirtschaft neu auszurichten.

Es geht um die Belebung unserer geistigen Haltung und das Auffrischen und Entwickeln neuer/alter WERte. Wir alle sind aufgefordert, gemeinsam einen Lebens- und Arbeitsrahmen zu erschaffen.

Denn schließlich können wir es! Erfolg ist da: Deutschland ist eine der führenden Wirtschaftsnationen der Erde und der Export-Weltmeister!

In einer so verstandenen Leistungsgemeinschaft gelten die Marken „developed in Germany", „manufactured in Germany" und „made in Germany" hierzulande, in Europa und in der Welt.

10 „2*7" EISERNE EMPFEHLUNGEN

Als Extrakt all des bisher Gesagten verstehen sich die 2*7 eisernen Empfehlungen. Laden Sie sich von der Webseite www.DMVeV.de diese beiden Seiten kostenfrei herunter, um sie gegebenenfalls in der Nähe Ihres wirtschaftlichen Handelns zur täglichen Sichtung abzulegen.

1. Sorge für Verbindung und Verbundenheit zwischen den Menschen und rede voller Achtung und Respekt über andere, denn jeder Mensch hat (s)einen WERt.

2. Wir alle haben ein Recht auf Liebe, Respekt und Selbstverwirklichung. Versuche, das Wohlergehen und den Wohlstand anderer zu fördern.

3. Halte Versprechen und schließe nur Vereinbarungen, die Du auch halten kannst.

4. Übermittle ehrliche Eindrücke. Sage, was Du meinst, und tue, was Du sagst. Sei authentisch, offen und klar und – vermeide Geschwätz.

5. Trage Konflikte aus: offen, kreativ und lösungsorientiert. Auf dieser Basis ist eine Kultur des Konsenses erfolgreicher und reibungsärmer als eine simple Streitkultur.

6. Bewahre und äußere angemessen Deine eigene Meinung, unabhängig von kurzfristigen Moden und Erwartungen.

7. Fördere Loyalität, Toleranz, Verbindlichkeit, Kunden- und Lieferantentreue, um wirtschaftlichen Erfolg zu steigern. Mäßige Dich. Gier ist die Grundlage für Misserfolg.

8. Sei engagiert, zeige Selbstdisziplin und sei Dir Deiner Verpflichtung und Verantwortung für Dich selbst und für andere bewusst.

9. Bedenke, dass große Ziele mehr Zeit benötigen als kleine. Denke an die langfristigen Auswirkungen Deiner Haltung und Handlung.

10. Achte auf Deine innere Ausgeglichenheit. Fördere Deine Gesundheit und die Deiner Mitarbeiter.

11. Finde Freude an Besitz, Wissen und Menschen, die Dich gerade jetzt umgeben. Teile Dein Wissen mit Menschen – und die Menschen teilen ihr Wissen mit Dir. So entstehen Fülle und Fortschritt.

12. Feiere Deinen Erfolg und den Erfolg anderer Menschen. Erkenne das versteckte Potenzial hinter so genannten Niederlagen, Misserfolgen oder Erfolgen Deiner Wettbewerber.

13. Sei dankbar und vergiss nicht: Lachen und Humor haben eine besondere Ausstrahlung.

14. Und zu guter Letzt: „Lebe ein gutes, ehrbares Leben! Wenn du älter bist und zurückdenkst, wirst du es noch einmal genießen können." (Dalai Lama)

11 Praxis- und Fallbeispiele

Jetzt ist es an der Zeit, konkrete Fallbeispiele aus der realen Wirtschaftswelt auf den Prüfstand des DMV-WERteleitfadens zu stellen und die Verhaltensweisen einmal mit diesen WERten im Hinterkopf zu betrachten. Ziel ist, bewusst zu machen und – falls Sie als Leser in ähnlicher Situation sind – konkret zu unterstützen.

Der DMV plant, künftig weitere Fallbeispiele zu veröffentlichen. Wenn Sie in Ihrem Geschäftsumfeld auf solche Situationen treffen, die für andere Führungskräfte beispielhafte Lösungen erkennen lassen, mailen Sie an WERteleitfaden@DMVeV.de Ihre Erfahrungen. Einer der Autoren wird sich mit Ihnen möglichst zeitnah in Verbindung setzen.

11.1 Korruption
Branchenbezug: Stadtverwaltung

11.1.1 Ausgangssituation

K ist eine Kleinstadt in Baden-Württemberg und traditionell ein Alterssitz gutsituierter Bürger aus der Region. Der Ort liegt in der Nähe einer Großstadt, sodass viele in diese 7 km entfernte Nachbarstadt N fahren.

Die Kleinstadt erscheint ruhig, hat eine negative demographische Gestaltung und wirkt durchaus „behäbig".

Ein neuer, junger Verwaltungsbürgermeister, der aus einer anderen Region stammt, will sich der Kleinstadt annehmen und die Verwaltung modernisieren und „verschlanken".

11.1.2 Der Knackpunkt

Bei einer Sitzung mit den Dezernenten fällt dem neuen Bürgermeister von K auf, dass sich 2 Dezernenten (Bau und Verkehr; Sport und Jugend) sehr zurückhaltend zu den Modernisierungsplänen äußern. Aus städtischen Unterlagen entnimmt er, dass beide gemeinsam dem Vorstand eines Sportvereins angehören, der viele Grundstücke in K besitzt. Weitere Überprüfungen lassen den Bürgermeister feststellen, dass in der Vergangenheit durch die beiden Dezernenten Planungen zugunsten des Sportvereins „geschoben" wurden. (Geländeverkauf an Immobilienträger der örtlichen Bank 3 Jahre vor Änderung des Planungsvorhabens).

11.1.3 Herausforderung

Der Verwaltungsbürgermeister soll die Verwaltung vereinfachen. Er empfindet ein Dilemma: Überleben durch Anpassung an die existierenden Strukturen oder Kampf gegen die Korruption. Soll er das Thema überhaupt anpacken? Welche Chancen und Möglichkeiten hat er?

11.1.4 Persönliche Lösungsebene für den Bürgermeister

Versetzen Sie sich in die Rolle des Bürgermeisters! In den ersten Momenten, nachdem Sie bemerken, wo Sie „da hingeraten" sind, gibt es mit Sicherheit Empfindungen von großer Irritation und die Sorge, aus dieser Situation nicht vernünftig, heil und unbeschadet herauszukommen.

Passen Sie sich den Gegebenheiten an, haben Sie im ersten Moment garantiert einen angenehmen Arbeitsplatz. Im weiteren Verlauf wissen Sie im Unterbewusstsein genau den Preis für Korruption:

- stetes Misstrauen,
- Angst, entdeckt und bestraft zu werden und
- der Verlust der Selbstachtung.

Dies ist weder ein körperlich noch seelisch förderliches Klima und schränkt die Kraft ein, Probleme zu lösen.

Darum empfiehlt sich für den ersten persönlichen Anfang zur Aufrechterhaltung ihrer weiteren Arbeitsfähigkeit:

Machen Sie sich deutlich, wohin der Druck der Geheimnisse, die Sie für sich behalten sollen, führt! Stellen Sie sich Ihrer Angst und der Unsicherheit und Sie empfinden Erleichterung. Dagegen können Sie spüren, welche Leben verkürzende Kraft in dem Morast der Korruption steckt.

Unser Leben ist zu kurz! Eine Position, die Ihnen heute wichtig oder besonders WERtvoll erscheint, kann binnen kürzester Zeit verschwinden. In unserer Wirtschaftswelt, ebenso wie im Verwaltungsgeschehen, erfolgen permanent Umbrüche.

Sie haben nur zwei Möglichkeiten: Bleiben und den Augiasstall ausmisten oder – gehen!

Fragen Sie sich: Was will ich und was kann ich.
Wenn jemand in Ihrer Organisation Eigeninteresse und Missgunst (Grundlagen der Korruption) in den Vordergrund stellt, brauchen Sie ein hohes Maß an innerer Festigkeit und müssen beginnen, die Wahrheit zu beleuchten.

Sind Sie noch unsicher, machen Sie sich die Konsequenzen klar! Mitwisserschaft ist auch nach Strafgesetzbuch halbe Tat. Bei redlichem Verhalten bleibt Ihre Würde auch bei Verlust des Arbeitsplatzes erhalten.

Die zweite Frage konzentriert sich auf die Suche nach Verbündeten. Nehmen Sie z.B. mit der höheren Verwaltungsbehörde Kontakt auf.

Beachten Sie in diesem Prozess auch Ihre Familie, die von Ihren Aktionen gleichermaßen betroffen ist, spätestens, sobald das Thema durch die Medien in die Öffentlichkeit getragen wird. Steht Ihre Familie grundsätzlich hinter Ihnen und stärkt Ihnen den Rücken? Was würde ein öffentlicher Fauxpas für Ihre Familie bedeuten?

11.1.5 Lösungsebene im Verwaltungsgeschehen

Betonen Sie die positive Seite Ihrer Ziele, Ihrer Haltungen und Handlungen, um Ihre Position zu stärken!

Machen Sie anhand der Geschichte anderer Städte deutlich, dass kurzfristiges, persönlich gewinnorientiertes Handeln dem „kommunalen Gemeinschaftskörper" langfristig Nachteile bringt, da über eine Stadt, in der solche Entwicklungen gefördert werden, „geredet" wird.

Klüngelwirtschaft führt langfristig zu einem betrügerischen Klima seitens der Bürger und einem starken Desinteresse an der Stärkung eines eigenständigen Stadtbildes. Klüngeltendenzen führen langfristig zum Zerfall und zerstören persönliche Beziehungen, da sie nur mit Geheimniskrämerei, Angst und Druck (nach innen wie nach außen) operieren.

Seien sie als Vorbild korruptionsfrei und fragen Sie bei aktuellen Entwicklungen offen nach den Verhältnissen. Bohren Sie nicht schuldsprechend in der Vergangenheit. Stärken Sie ab heute „gute" Kräfte und lassen Sie unseriöse Angebote außer Acht. Langfristig gesehen gibt es in demokratischen Systemen keine Chance, dass Korruption sich lohnt.

Vermeiden Sie auch gegenüber Beteiligten im Verhältnis zu Dritten hohle Gespräche und bleiben Sie extrem sachorientiert. Mit dieser inneren Haltung finden Sie gute Partner und die „schwarzen Schafe" werden Ihnen mehr und mehr den Sumpf offenbaren.

11.2 Kurzfristiges Denken und WERtevernichtung
Branchenbezug: Finanzdienstleistung

11.2.1 Ausgangssituation

Nach der äußerlich erstaunlich gut verlaufenen Fusion zweier Bankinstitute in einem benachbarten Land sucht die Organisation nach neuen Geschäftsfeldern und Aufgaben, da der kurzfristige Umsatz- und Gewinnerwartungsdruck durch die Shareholder stark zugenommen hat.

11.2.2 Der Knackpunkt

Durch die Fusion kommt es zu Umbesetzungen und Abteilungsumgestaltungen. Der Bereich Immobilienfinanzierung der beiden Institute wird verschmolzen und seitens der Geschäftsführung mit neuen „internen Empfehlungen" belegt.

Mit Blick auf den schwierigen Gesamtmarkt soll der Kundenstamm für diese Anlageform verbreitert werden. Dabei werden in zentral gesteuerten Abteilungen Produkte entwickelt und in den Markt gegeben, die der Beratungsphilosophie der Kundenbetreuer zuwider laufen.

Die operativen Kräfte arbeiten unter Druck und verkaufen über isolierte, kurzfristige Planzahlen mit Modellen, von denen *sie wissen*, dass diese für den Endkunden langfristig höchst spekulativ und riskant sind. Intern wird sehr wohl darüber gesprochen und die mittleren Führungskräfte weisen auf ihre Bedenken bezüglich seriöser Kundenberatung hin. Ihr Anliegen jedoch wird in „Kasinogesprächen abgebügelt".

11.2.3 Herausforderung

Die mittlere Führungskraft soll die Verantwortung für dieses Vorgehen und die daraus resultierenden Risiken tragen. Der Zwiespalt ist offensichtlich. Das Dilemma ist hier die Trennung von Kompetenz und Verantwortung.

Erschwerend kommt hinzu: Bisherige Marktstrategien führen nicht mehr zum Erfolg und durch die Fusion kommt es zusätzlich zu Brüchen in der Kultur und zu Spannungen in der Belegschaft.

Welche Chancen und Möglichkeiten hat die mittlere Führungskraft überhaupt?

11.2.4 Persönliche Lösungsebene für die Führungskraft

Im Rahmen des „Zusammenwachsens der Kulturen" wird Ihnen deutlich, dass die Anforderungen und die Themen beider Seiten von unterschiedlichen Denkweisen („Welten") geprägt sind – was intensive kommunikative Prozesse erfordert. Das gemeinsame Handeln ist anfänglich erschwert und benötigt Zeit, damit die verschiedenen Kulturen langfristig zusammenwachsen können.

Sie müssen die Frage klären, ob die Entwicklung kundenbedarfsfremder Produkte einem grundsätzlichen Paradigmenwechsel zum Negativen hin entspricht, oder ob aufgrund der organisatorischen Änderungen die Produktentwicklung nur unausgereift und verbesserungsfähig ist.

Für Ihre persönliche Entscheidung, in welcher Form Sie jetzt hier handeln können, ist der zur Verfügung stehende Handlungsspielraum auszuloten. Wo Gier oder Machtbesessenheit regiert, existiert kein Handlungsspielraum für konstruktive Entwicklungen.

Die Kurzfrist-Orientierung ist die zweite Einschränkung. Ohne Geduld können ein Zusammenwachsen von Kulturen und der Erfolg von Produktlinien nicht erreicht werden.

Für andere Konstellationen gilt: Bereiten Sie alleine oder im Team eine oder mehrere Alternativen soweit vor, dass das neu zu entwickelnde Produkt tatsächlich innovativer wird. Bemühen Sie sich, ernsthafte Signale in diskreter Form auszusenden. Chancen liegen meist im antizyklischen Denken.

Die wesentliche Spannung liegt in dem Fehlen von ernsthafter Kommunikation oder Gehörtwerden.

Überlegen Sie daher: Werden Sie gehört und wer kann Ihnen, vielleicht sogar von Kundenseite, Gehör verschaffen? Soweit der erste Schritt.

Dann: Welche Beispiele im Branchenbereich fallen Ihnen ein, um sachbetont auf die fehlende Fokussierung auf Kundenbindung und die Wichtigkeit der Seriosität des Bereiches Versicherungen, Banken und andere Finanzdienstleistungen hinzuweisen?

Seien Sie mutig genug, immer wieder einfache, sachliche Fragen zu Einzelpunkten von Produkt und Strategien zu stellen und durch diese Fragen für Nachhall in den Köpfen zu sorgen. Drücken Sie auch Ihre Sorge um das Zusammenwachsen der Kulturen aus. Gehen Sie mit gutem Beispiel voran, beteiligen Sie sich aktiv an der Integration, und tun Sie dies, so oft es Ihnen und Ihren Kollegen passend erscheint.

Machen Sie sich bewusst: Die Strategie (Bankinteresse vor Kundeninteresse) und die sich daraus ergebenden unredlichen Produkte funktionieren über eine Form von Täuschung, eine Unaufrichtigkeit in der Art, wie das Unternehmen – und damit auch Sie – sein Geld verdient.

Was Schwierigkeiten bringt, sind einmal mehr die kleinen, unscheinbaren Selbsttäuschungen, die uns den ganzen Tag über beschäftigen:

- eine leichte Übertreibung einem potenziellen Kunden gegenüber, damit sein Engagement unter Dach und Fach kommt;

- eine kleine Notlüge, um jemandem aus dem vorhandenen Kundenkreis plausibel zu machen, warum sich die von ihm angenommene Rendite nicht realisiert oder verzögert hat;

- eine kleine Gestaltungskorrektur gegenüber den Anlegern, um diese Art von Projekten über Wasser zu halten.

Vermeiden Sie diese flexible „Ist-doch-nicht-so-schlimm"-Ethik, gestatten Sie sich, wenn es um Ihre Integrität geht, keinerlei Großzügigkeit.

Sie werden feststellen, dass Ihre kundenorientierte – oder noch besser: kundenzentrierte – und langfristige Sicht besser als jede „neue" Geschäftsstrategie funktioniert. Dies gilt auch für alle anderen Branchen!

11.2.5 Lösungsebene im Organisationsrahmen

Versuchen Sie, im kleinen Team alternative Vorschläge zu erarbeiten, die mit Langfrist-Strategien operieren und den Kundennutzen im Fokus haben – und die vor allem von allen Beteiligten mit innerer Überzeugung mitgetragen werden können.

- Nehmen Sie für sich selbst den Karrieredruck aus der Situation. Machen Sie sich klar, wie solcher Druck zum Burn-out führen kann und sprechen Sie über Burn-out auch innerhalb der Belegschaft.

- Versuchen Sie, das WERtebild, mit dem Sie operieren, an Erfolgsstrategien von Wettbewerbern zu verdeutlichen.

- Ermitteln Sie, welche Abweichungen vom „offiziellen" WERtesystem noch toleriert werden können.

- Definieren Sie Ihre Grenzen und Ihre Kompromissbereitschaft.

Sehen sie das versteckte Potenzial der Stagnation. Nehmen Sie sich Zeit für eine kurze Reflexion mit langjährigen Mitarbeitern und holen Sie sich ehrliches und offenes Feedback von Kunden und – in anderen Branchen – Lieferanten. Bitten Sie bei Beschwerden immer darum, diese schriftlich oder persönlich auf hochrangiger Ebene direkt und unvermittelt zu äußern. Achten Sie darauf, wo Reibung nach außen entsteht, und bitten Sie um Rückmeldung guter Kunden direkt an die „Reibungsverursacher".

11.2.6 Kernhinweis

Auch wenn es Ihnen schwer fällt:

Machen Sie sich und anderen klar, dass der Verlust langfristiger Integrität dem Unternehmen und Ihnen schadet.

Bevor Sie merken, dass Ihre Gesundheit leidet, schauen Sie nach Möglichkeiten der beruflichen Veränderung.

Wenn es in zwei oder vier Jahren durch die druckorientierten Vertriebsformen zu Störungen kommt, sind Sie auf der Suche nach einem neuen Arbeitsplatz in Zeiten von Firmenskandalen deutlich schlechter vermittelbar!

Überprüfen Sie Ihre finanziellen Verhältnisse. Legen sie sofort dafür Grundsteine, indem Sie schauen, dass Ihre persönlichen finanziellen Verhältnisse es Ihnen ermöglichen, nicht korrumpierbar zu werden.

11.3 Streit und Konflikte
Branchenbezug: Messebau

Konflikt und Streit – auf persönlicher Ebene, wie hier beschrieben, aber auch auf Sachebene – sind Ursachen, die Betriebe einen großen Teil ihrer Produktivität kosten. Ihre direkten und indirekten Kosten übersteigen die Profitabilität jedes Kostensenkungsprogramms.

11.3.1 Ausgangssituation

Die J-Messe GmbH wurde 1988 gegründet. Innerhalb kürzester Zeit wurde sie zu einem der größten Konferenz- und Messeveranstalter im Rhein-Neckar-Dreieck. Sie beschäftigte bis zu 125 Mitarbeiter in der Veranstaltungs- und Messeorganisation.

11.3.2 Der Knackpunkt

Das Messegeschäft ist eine Branche mit schneller, dynamischer, aber durchaus auch konfliktgeladener Arbeitsatmosphäre. Nach anfänglichen Erfolgen gab es vermehrt Spannungen zwischen Führung und Kunden und unter den Mitarbeitern.

11.3.3 Herausforderung

Konflikte haben das Potenzial, nützlich und bereichernd zu sein. In diesem Fall ist reibungsfreie Leistung jedoch überlebensnotwendig. Wie bei der Konkurrenz zwischen Abteilungen verpufft in vielen Unternehmen durch interne Reibung viel wertvolle Kreativität und Kraft.

11.3.4 Persönliche Lösungsebene für die Führungskraft

Achten Sie darauf, jene Art von Gesprächen zu führen, die – ausgesprochen oder unausgesprochen – darauf hinaus laufen, eine konstruktive Verbindung von Anschauungen und Menschen herzustellen.

Ihr Denken, Reden und Handeln sollte nicht die Distanz zwischen zwei Menschen vergrößern, auch wenn Ihre Aussagen durchaus der Wahrheit entsprechen, wie z.B. „Haben Sie gehört, was Frau Soundso über Sie erzählt hat?" – „Wissen Sie eigentlich, was der und der über Ihr letztes Projekt wirklich denkt?"
Die Lösung hat so gut wie nichts damit zu tun, dass man zu anderen Leuten hingeht und mit ihnen darüber spricht, wie man oberflächlich freundlicher zueinander sein kann.

Der Schlüssel zum Verständnis dieses Ansatzes liegt in folgendem Sachverhalt:

Wenn in Ihrem Unternehmen, in Ihrer Abteilung, in Ihrem Team gestritten wird, dann aus folgendem Grund: Es gibt ein ausgeprägtes Bedürfnis, über die unternehmensinterne „Yellow Press" von den tatsächlich vorhandenen, nicht diskutierten Sachthemen und (persönlichen?) Problemen abzulenken.

Ihr Leben, Ihr Geschäft und Ihre Welt können Sie in Ordnung bringen, indem Sie sich selbst in Ordnung bringen. Suchen Sie gute Eindrücke, gute Inspiration: Musik, Bilder, Zeit, entspannte Bewegung.

11.3.5 Lösungsebene im Organisationsrahmen

In vielen Unternehmen sind Druck und die Annahme, dass hoher Druck große Erfolge signalisiert, ein viel geglaubter, aber WERt(e)*vernichtender* Schlüsselfaktor.

Im Rahmen der Messebaufirma ist gemeinsames Feiern von Erfolgen und gemeinsames WERtschätzen des Erreichten besonders wichtig, da Messestände und Veranstaltungen kurzfristig emotionalisierte Wirtschaftsgüter sind. Hausinterne Ausstellungen, Film- und Fotoaufnahmen und verdeckte Dokumentation bei der Arbeit sind hilfreich, um Gutes und Schlechtes zu sehen. Wichtig ist auch Spannungsabfuhr in WERterhaltender Form.

Gerade hier können Sie ansetzen: Ob Sport oder darstellende Kunst, mit dieser Methode heben Sie die „Truppenmoral", wie dies ein großer deutscher Drogerieunternehmer macht, der z.B. seine Lehrlinge regelmäßig Theater spielen lässt. Er ist der erfolgreichste Unternehmer in seiner Branche.

Achten Sie bei größeren Streitigkeiten mit Kunden und unter den Mitarbeitern darauf, wie Ihre Unternehmenskultur Fehler bestraft. Gestatten Sie Leer-, Test- und Fehlerräume im Unternehmen und in Ihrem beruflichen und privaten Zeitbudget. Zur Perfektion gehören Muße und Reflexion, sodass die kreativen „Batterien" wieder aufgeladen werden können!

11.4 Veruntreuung
Branchenbezug: Produktion und Handel

11.4.1 Ausgangssituation

Die HIG AG existiert seit 1976. Sie wurde 1990 in eine nicht börsennotierte AG umgewandelt. Sie ist international aufgestellt und besitzt vier aktive Tochterfirmen in den USA, Frankreich, Spanien und der Türkei und ist an Projekten weltweit beteiligt. Sie ist gleichzeitig Hersteller in einem Spezialbereich der Lebensmittelbranche und Markenvertreiber mit eigener Logistik für eine Palette von 400 Produkten. Die Unternehmenskultur ist patriarchalisch, aber freundlich. Der Unternehmensgründer und seine Vorstände führen mit einer Mischung aus Management by walking around und tiefem persönlichen Interesse (einer persönlichen Vision).

11.4.2 Der Knackpunkt

In dieser Wachstumssituation wird nach einer externen Überprüfung deutlich, dass im Stammhaus schon jahrelang eine Lücke im Rechnungswesen existierte, durch die sich der Prokurist bereichert hatte.

Diese Situation wurde zwischenzeitlich offen gelegt und strafrechtlich verfolgt. In der Folge steht die Firma in Presse und Öffentlichkeit negativ da. Banken, Lieferanten und Kunden beobachten dies mit besonderem Fokus.

11.4.3 Herausforderung

Eine Vertrauenskultur mit den falschen Leuten ist fast so schlecht wie eine Misstrauenskultur.

Die Vertriebsleiterin und das Controlling stehen vor der Aufgabe, im Sinne des Unternehmens den Sachverhalt eindeutig aufzuklären und die defizitären Lücken auszugleichen.

Eine entschiedene, ungespielte Aufklärung ist für einen ehrlichen Vertrauensaufbau gefordert.
Die Möglichkeit, dass der Prokurist sich überhaupt persönlich bereichern konnte, entstand durch eine Mischung aus Selbstgefälligkeit und Ignoranz von eigentlich integren Führungspersonen, die nicht mehr besonders gründlich in die Firma schauen wollten.

Daraus resultiert ein Problem: Letztendlich fordert Nichtwahrhabenwollen Skepsis von Anteilseignern, Banken und Lieferanten geradezu heraus.

11.4.4 Persönliche Lösungsebene für die Geschäftsleitung

Versuchen Sie, stets ein feines Gespür zu bewahren für jedwedes Gefühl von Scheinsicherheit, Bequemlichkeit, Selbstgefälligkeit und eitlem Stolz, dem Sie möglicherweise auf den Leim gehen. Die Wirtschaft ist schnelllebig und reagiert unbarmherzig: Erfolgreiche, wie der durchaus integre Vorstand, können einen rasanten Aufstieg und einen harten Absturz erleben.

Das wahrscheinlich fatalste durch Stolz verursachte Problem ist nicht seine unerquickliche Wirkung auf all jene, die mit Ihnen zu tun haben, sondern seine verheerenden Konsequenzen für die eigene persönliche Entwicklung.

Ein Mensch, der frei ist von Stolz – ein bescheidener Mensch –, kann anderen viel besser zuhören! *Das* ist der entscheidende Punkt. Dabei spielt es für ihn keine Rolle, welche Position sein Gegenüber innerhalb der Firmenhierarchie bekleidet. Und was er als guter Zuhörer erfährt und dazulernt, kann seinem weiteren Erfolg zugute kommen. In unserem Falle hieße das, rechtzeitig den Machenschaften des Prokuristen auf die Spur zu kommen.

Darüber hinaus sollten Sie vermeiden, ein Leben zu führen, in dem es Ihnen *in erster Linie* um die Anerkennung der anderen geht.

> Jeder Mensch sollte im Berufs- wie im Privatleben irgendwann so weit gereift sein, dass er tut, was gut und richtig ist – nicht, weil er dafür Dank oder Lob erwartet, sondern einfach, weil es da etwas gibt, das getan werden sollte und weil er am besten in der Lage ist, dies zu tun.

Statt auf die Anerkennung der anderen zu spekulieren, halten wirklich kompetente Manager und Führungskräfte in einem Unternehmen mehr nach Gelegenheiten Ausschau, anderen Anerkennung zuteil werden zu lassen; und im besten Fall ist das nicht einfach nur eine weitere Unternehmensstrategie, sondern entspricht dem tatsächlichen Wesen des Managers, dem gelebten Führungsstil.

Da Sie ein gutes Gespür und ein gutes Wahrnehmungsvermögen für die Leistungen der Sie umgebenden Menschen haben, zollen Sie den geleisteten Beiträgen ihre Anerkennung und honorieren sie.

Dies machen Sie *nicht*, weil das eine gute Möglichkeit ist, Angestellte zu motivieren und positiv zu beeinflussen, sondern weil Sie wirklich *erkennen*, dass jeder Mitarbeiter, und nicht nur Sie selbst, für den Erfolg des Unternehmens eine wichtige und unverzichtbare Rolle spielt – und sei es auch in einer, wie es scheint, eher begrenzten Funktion als Facharbeiter oder als Portier.

Machen Sie sich frei von der Gewohnheit, auf Lob oder Anerkennung für sich selbst zu hoffen. Gerade in Krisen wird das nicht der Fall sein, deswegen sind Sie der beste Test für kompetente und integre Führung.

Es ist eine bedauerliche Realität im Geschäfts- wie auch in unserem Privatleben, dass wir offenbar umso weniger anerkennen und honorieren, welche Dienste uns jemand erweist, *je näher* uns die betreffende Person steht und *je länger* sie uns diese Dienste entgegenbringt.

11.4.5 Lösungsebene im Organisationsrahmen

Freiräume verschaffen jedem Mitarbeiter Initiativkraft und hohe Motivation. Für dauerhafte Motivation ist es notwendig, dass der Mitarbeiter Sinn- und Erfolgskontrolle seiner Arbeit erfährt. Es muss durch die Führungsebenen überprüft werden, dass seine Aktivitäten im Einklang mit anerkannten und nachgefragten Unternehmenszielen und -methoden stehen.

Horizontale Ebene:

Überprüfbarkeit wird bedingt durch organisatorische Voraussetzungen, wie z.B. das 4-Augen-Prinzip auf horizontaler Ebene. Hier werden entscheidende Unternehmensabläufe von jeweils zwei Personen gleichberechtigt beurteilt. Gleichberechtigt bedeutet: Hierarchisch gleichgestellt. Unterschiedliche Funktionen sind dabei möglich. Z.B.: Der „Kaufmännische Leiter" ist zuständig für die finanziellen Operationen, die bei wichtigen Entscheidungen vom „Technischen Leiter" gegenzuzeichnen sind.

Eine andere Möglichkeit besteht z.B. darin, Zuständigkeiten für Regionen und Produktsegmente von verschiedenen Personen wahrnehmen zu lassen, sodass eine überlappende Gesamtverantwortung entsteht.

Vertikale Ebene:

Als Beispiele der vertikalen Prüfung sind folgende Methoden zu nennen:

    a: Gemeinsame Zielvereinbarung und Kontrolle
    b: Mitarbeiter-Entwicklungs-Gespräche
    c: Themenbezogener „Jour Fixe" mit ritualisiertem Engagement

11.4.6 Umgang mit der Krise

Bevor Sie bei einer solchen „Prokuristen-Situation" in hektische Aktivitäten verfallen und einzelnen Parteien etwas zusichern oder versprechen, was Sie nicht halten können, konzentrieren Sie sich darauf, den guten Ruf und den Bestand der Firma zu sichern.

Hören Sie den anderen WERtschätzend zu und laden Sie Beteiligte zum gemeinsamen, ernsthaften Gespräch ein, mit der Bitte, aus ihrer eigenen Erfahrung heraus ihren Beitrag im Interesse der Firma zu leisten.

Sorgen Sie für Kommunikation und Übereinstimmung und halten Sie Ihren Stolz in jedem Fall zurück. Ihre Integrität ist dann gefährdet, wenn Sie hier falsche Versprechungen machen.

Verdeutlichen Sie die Wichtigkeit des gemeinsamen Dialogs und der Fortentwicklung des Unternehmens im Vergleich zu den kurzfristigen Empfindungen.

Panik und Angst sind schlechte Ratgeber! Für den Handelnden ist es wichtig, eine persönliche Vorstellung von der geglückten Zukunft zu haben. Dieses innere Bild gibt die notwendige Kraft – auch als persönlicher Schutzschild – um die Belastungen und Anfeindungen während der Krise physisch und psychisch durchzustehen.

In Krisensituationen – und im Licht der Öffentlichkeit – ist eine bescheidene, integrierende Haltung nützlich und sichert Ihnen und anderen Arbeitsplätze, auch wenn Sie in diesem Moment glauben, Sie befänden sich im Zentrum des Zyklons.

Die HIG AG hat ihre Krise durch ihre Offenheit ebenfalls hervorragend gemeistert. Die beteiligten Führungskräfte, der Vorstand und auch die Partner in den Banken sind heute, 10 Jahre später, noch im Unternehmen oder damit in freundschaftlicher Verbindung.

11.5 Anstiftung zum Versicherungsbetrug
Branchenbezug: Fensterbau

11.5.1 Ausgangssituation

Eine kleine rechtsrheinische Glasbaufirma zwischen Köln und Düsseldorf wird geführt von einem Inhaber. Um sich im Wettbewerb zu behaupten, möchte er den Kundennutzen verbessern. Da er seine Angebotspreise aber nicht weiter senken kann, bietet er Kunden die Option an, für seine Glasereiarbeiten keinerlei Geld bezahlen zu müssen.

11.5.2 Der Knackpunkt

Ein Kunde beauftragt diesen Handwerker, eine Öffnung in die Glasscheibe des Waschküchenfensters zu schneiden, die den Abluftschlauch des Wäschetrockners aufnehmen soll. So kann auch bei geschlossenem Fenster der Trockner laufen. Beim ersten Vor-Ort-Termin schlägt der Handwerker wohlwollend vor, die Rechnung mit dem Vermerk „Reparatur" auszustatten, damit der Kunde diese bei seiner Hausratversicherung zur Begleichung einreichen kann.

11.5.3 Handlungsalternativen für den Kunden

Wie nun geht der Kunde mit dieser Art von Angebot um? Bei näherer Betrachtung stehen drei Reaktionen zur Wahl:

a: Akzeptieren

Mancher mag denken: Wo ist denn hier ein Problem? Versicherungsbetrug ist ein Kavaliersdelikt und allgemeiner Usus geworden für den modern denkenden cleveren Menschen, der glaubt, darauf achten zu müssen, wo er bleibt. Er geht gerne auf den Vorschlag des Handwerkers ein und freut sich, die eigenen Kosten jemand anderem angelastet zu haben.

b: Beauftragen, aber korrekt zahlen

Der korrekte Kunde, der Versicherungsbetrug ablehnt, weist das Ansinnen des Handwerkers zurück und besteht darauf, die Rechnung korrekt zu bezahlen. Dann stellt er sich vielleicht die Frage, ob er als Ehrlicher nicht auch der Dumme ist.

c: Zusammenarbeit ablehnen

Der rechtschaffene Kunde lehnt die Zusammenarbeit mit diesem Handwerker ab und beauftragt einen anderen, soweit erkennbar *ehrlichen* Unternehmer.

Jede der hier vorgestellten Reaktionen hat auch eine Konsequenz, sowohl für den Kunden als auch für den Unternehmer …

Konsequenzen der Handlungsalternative a:
„Akzeptieren"

Der Handwerker stiftet zum Versicherungsbetrug an. Der Kunde wird zum Versicherungsbetrüger mit allen denkbaren Konsequenzen. Beide haben sich selbst vorsätzlich zu Kriminellen gemacht.

Konsequenzen der Handlungsalternative b:
„Beauftragen, aber korrekt zahlen"

Obwohl der Handwerker zum Versicherungsbetrug angestiftet hat, macht sich der Kunde diesmal nicht zum Versicherungsbetrüger. Kriminelle Handlungen fanden nicht statt, jedoch hat der betrügerische Handwerker keine negativen wirtschaftlichen Konsequenzen erfahren. Es bleibt ein erheblicher moralischer Gesichtsverlust des Glasbauers.

Konsequenzen der Handlungsalternative c:
"Zusammenarbeit ablehnen"

Über seinen Gesichtsverlust hinaus macht der Glasbauer in unserer dritten Überlegung kein Geschäft – bei diesem Kunden auch in Zukunft nicht mehr. Er muss befürchten, dass der Kunde das kriminelle Verhalten öffentlich macht. Seine Strategie der Umsatzsteigerung unter Verbiegung der Geschäftsmoral und der Legalität ist in diesem Fall gescheitert.

Hier setzt der DMV-WERteleitfaden wieder an:
Eine funktionierende Wirtschaft ist auf Legalität, Seriosität und Berechenbarkeit begründet. Korruption, Bruch der Gesetze, auch der moralischen, führen langfristig zu so genannten "Bananenrepubliken".

Weitverbreiteter Versicherungsbetrug führt zu erhöhten Prämien und der latenten Betrugsvermutung seitens der Versicherungsgesellschaften!

Die Missachtung von Werten generell führt auch zum umgekehrten Effekt, dass nämlich aufgrund vermuteter mangelnder Seriosität der Versicherungen sich deren Kunden zum Versicherungsbetrug herausgefordert fühlen.

Für alle gilt:

Wirtschaftlicher Vorteil darf nur innerhalb der Grenzen des legalen und moralischen Handlungsrahmens gesucht werden.

11.5.4 Lösungsebene für den Kunden

Seriosität zahlt sich langfristig aus. Aufrichtige Kunden verlangen ehrliche Geschäftspartner und gehen davon aus, dass ehrliche Arbeit nur von ehrlichen Menschen geleistet werden kann.

Das Preis/Leistungsverhältnis stimmt, die Qualität stimmt längerfristig. Es erspart psychologische Energie, da nicht zu befürchten ist, dass die

Justiz oder das schlechte Gewissen Rechenschaft verlangen. Die persönliche Glaubwürdigkeit wird generell gestärkt, wenn man so eine Vorbildfunktion ausübt und als Vorbild für Jugendliche, Familienmitglieder, Freunde und Geschäftspartner gilt. „Nebenbei" kann es der Stärkung der Kreditwürdigkeit dienen.

11.5.5 Lösungsebene für den Glasbauer

Der Anstifter zum Versicherungsbetrug lässt Kunden argwöhnen, dass es der Handwerker auch sonst mit ehrlicher Arbeit nicht so genau nimmt, z.B. bei der Qualität oder der Kilometer-, Material- und Zeitabrechnung.

Mit seinem Verhalten beeinflusst der Glasbauer die Wahrnehmung seines Unternehmens durch den Kunden, ausgedrückt durch Markenaufbau und Image!

In diesem Image zieht er die korrespondierende Zielgruppe an: kriminell veranlagte Kunden mit dem Risiko des Zahlungsausfalls. Auch weiß er nicht, ob die Kunden den Spieß umdrehen und nachträglich z.B. unberechtigte Reklamationen provozieren und einfordern.

Auch besteht die Gefahr der Kriminalitätsspirale: Im Kleinen (Versicherungsbetrug) fängt man an, im Großen (Bilanzfälschung) hört man auf.

Für das Anliegen des Handwerkers, einen Mehrwert für seine Auftraggeber bereitzustellen, sind daher qualitativ hochwertigere Optionen im Service-Gedanken bessere „Ratgeber", z.B.:

- Erreichbarkeit: überall und jederzeit (Notdienst)
- Reaktionsschnelligkeit bei Anfragen
- Rasche Vor-Ort-Besichtigung
- Vorherige Offenlegung, welche Posten in der Rechnung in welcher Höhe berechnet werden
- Zuverlässige Zeit- und Materialangaben
- Persönliche Ansprache des Auftraggebers mit dessen Namen
- Kostenfreier Check aller Fenster und Türen im Haus, usw.

- Eigene Lagerhaltung von Ersatzteilen, wie Griffe, Gelenke, Scharniere, usw., auch über Jahre hinaus
- Lieferung und Montage einer Schelle, die den Abluftschlauch am neuen Fensterstutzen festhält (branchenübergreifende Materialbeschaffung!)
- Montage des Abluftschlauches an der Schelle, damit sich der Endkunde tatsächlich um nichts mehr kümmern muss
- Reinigen des Wäschetrockner- und Fensterbereiches von Spuren der Handarbeit
- Gerätetest zur Überprüfung der Funktionsfähigkeit des neuen Abluftsystems mit Dichtigkeitsprüfung

11.6 Mauschelei im Familienbetrieb
Branchenbezug Stahlbau

11.6.1 Ausgangssituation

Es handelt sich um ein Unternehmen in der Stahlbranche. Kernkompetenz ist die Produktion von maßgefertigten Edelstahltanks und -fertigungsanlagen für die Lebensmittelindustrie und die landwirtschaftliche Produktion sowie deren Handel.

Hervorgegangen ist das Unternehmen aus einer Dynastie von Handwerkern und Kaufleuten. Das Unternehmen besteht in der vierten Generation. Der älteste Bruder der Familiendynastie führt den Betrieb. (Die anderen Brüder führten Möbelhersteller in europäisch bedeutender Größe im Büromöbelbereich.)
Bis 1991 gab es nur zwei Standorte, zu denen das Unternehmen später zwei weitere Betriebsstätten in Thüringen und Tschechien hinzu erworben hat.

Vor acht Jahren hat eine schwedische mittelständische Firma vor dem Hintergrund einer angespannten Finanz- und Ertragslage (insbesondere wegen der neu erworbenen Betriebsstätte im Osten Deutschlands) 49% der Anteile übernommen. Ein Jahr nach der Beteiligung übernimmt die Tochter des ältesten Bruders die Führung des Betriebes mit ca. 220 Beschäftigten in allen Unternehmensteilen.

11.6.2 Der Knackpunkt

Trotz erfolgreicher Kosten senkender Maßnahmen seitens der neuen Geschäftsführerin ergibt sich in 2004/2005 durch den Konkurs zweier Großkunden eine betriebliche Liquiditätsanspannung. Hierbei spielt die vorherige Geschäftspraxis und der Umgangs mit dem Thema „Konkurs" durch das alte Familienoberhaupt eine gravierende Rolle. Die Methodik, Anteilseigner durch Bilanz- und Bewertungstricks hinters Licht zu führen, spielt die größte und gefährlichste Rolle in diesem Beispiel. Diese Praxis führt zur drohenden Insolvenz.

11.6.3 Persönliche Lösungsebene für die Tochter

Verfolgen Sie wirtschaftliche Anpassungsprozesse im eigenen Unternehmen sehr genau, vor allem auch im Hinblick auf die Auswirkungen im Verhalten der eigenen Belegschaft und in den Beziehungen durch familiäre „Vorbelastungen".

In diesem Fall gibt es mehrere Aspekte – wie immer in Familienbetrieben, selbst in Konzerngröße:

Aspekt 1:
Familienehre und Familien-„größe"

Im Laufe der Zeit entwickeln Leitende, besonders wenn so genannte dynastische Elemente eine Rolle spielen, die Neigung, für Status und gesellschaftlichen Rang Teile ihres Imperiums nach „Gutsherrenart" zu verwalten.

Die Interessen von Anteilseignern und (im Familienbetrieb) auch die Interessen der nachfolgenden Führungskräfte aus der eigenen Familie werden an den Rand gedrängt. Für den Erhalt von Macht und Status wird der langfristigen Entwicklung des Unternehmens ein „Bärendienst" erwiesen.

Aspekt 2:
Arbeitssysteme, Beziehungssysteme und ihre Auswirkungen

Als in das Familienunternehmen eintretende Führungskraft kennen Sie die Themen Stolz und Angst vor der Abgabe von Verantwortung und dem Verlust des Selbstbildes des Seniors recht gut. Dabei stellen sich viele die Übergabe einfacher vor, als sie ist.
„Der Alte wird mir das schon überlassen", ist die saloppe Idee im Hintergrund. Dies erweist sich oft als Trugschluss, da private und formelle Wertigkeit oft verschmolzen sind. Als NachfolgerIn haben Sie da einen schweren Stand.

Bevor wir Lösungen und Orientierungen äußerer Art besprechen, ist ein kurzer innerer „Sidekick" angeraten. Die Nachfolgerin hat dies glücklicherweise in dieser Situation zur alltäglichen Praxis gemacht. So wurde sie nicht zwischen den Mühlsteinen „Ablehnung aller alten Strukturen" und „Zurückhaltung und Ruin" zerrieben.

Der folgende Praxistipp wird allen Führungskräften empfohlen, die das Gefühl von Sinnverlust, fehlender Orientierung und Einsamkeit während Ihrer Tätigkeit spüren. Machen Sie es wie die Nachfolgerin in unserem Beispiel und ziehen Sie sich für eine 10-minütige mentale Übung zurück:

> Nehmen Sie sich einen Stuhl und setzen Sie sich in eine ruhige Ecke Ihrer Firma. Irgendwohin, wo Sie davon ausgehen können, dass Sie fünf oder zehn Minuten ungestört bleiben werden.
>
> Gehen Sie im Geist all die guten Dinge durch, die Ihnen im Leben widerfahren sind, und denken Sie an die Menschen, die Ihnen geholfen haben, diese Dinge möglich zu machen.
>
> Bestimmt haben Sie spezifische Kenntnisse und Fertigkeiten, die Sie jetzt in Ihre Arbeit einbringen, weil jemand anderes keine Mühen gescheut hat, sie Ihnen zu vermitteln.
>
> Womöglich liegt dies schon viele Jahre zurück; aber glauben Sie nicht, dass der oder die Betreffende es sehr zu schätzen wüsste, von Ihnen einmal etwas zu hören – eine kurze Danksagung für das Geschenk, das er oder sie Ihnen gemacht hat und das Ihnen jetzt, nach derart langer Zeit, so sehr zugute kommt?
>
> Gibt es jemanden bei Ihnen zu Hause – Ihren Ehepartner, einen Elternteil oder jemanden, der für Sie bestimmte Dinge im Haushalt, im Garten erledigt – Menschen, die durch ihre Präsenz in Ihrem Leben Sie erst in die Lage versetzen, Ihrer Arbeit nachzugehen?

Wann haben Sie sich zum letzten Mal bei ihnen bedankt? Umgibt Sie nicht in Wahrheit ein ganzes Netzwerk von Menschen, die Sie unterstützen, die es Ihnen ermöglichen, in die Firma zu gehen und sich dort auf Ihre Aufgaben zu konzentrieren?

Die Frau von der chemischen Reinigung? Der Zahnarzt? Der Postbote? Die Leute vom Lebensmittelladen, die Angestellten Ihrer Bank, der Zeitungszusteller? Sicher, Sie können sagen: „Nun, diese Leute werden ja schließlich dafür bezahlt. Sie würden doch nicht morgens aufstehen und diese Dinge für mich tun, wenn es nicht auch zu ihrem Nutzen wäre."

Diese Überlegung geht jedoch am Wesentlichen vorbei. Sicherlich werden diese Menschen bezahlt; das ändert jedoch nichts an der Tatsache, dass sie kostbare Stunden ihres Lebens, WERtvolle Momente ihrer gesunden Jahre, damit verbringen, Ihnen bei der Verwirklichung Ihrer Ziele zu helfen.

Die vielfältige Unterstützung, die uns durch andere zuteil wird, nicht zu beachten und sich nicht darüber im Klaren zu sein, dass so vieles von dem, was wir tun, nur durch die Liebenswürdigkeit unserer Mitmenschen ermöglicht wird, ist eine eklatante Schwäche des wirtschaftsorientierten Kurzfrist-Denkens.

Wie groß die Dankbarkeit ist, die wir unseren Mitmenschen gegenüber empfinden, steht außerdem in einem direkten Verhältnis zum Glück und zur Zufriedenheit in unserem Leben.

Sehr glückliche Menschen haben häufig ein stark ausgeprägtes Bewusstsein dafür, in welch hohem Maß ihnen die Arbeit anderer Menschen zu Glück und Wohlbefinden verholfen hat (ob diese nun dafür bezahlt wurden oder nicht, ist hier nachrangig; es ist aber auch nicht die Frage, die einen glücklichen Menschen vorrangig interessiert).

Mit anderen Worten sind wirklich glückliche Menschen im Allgemeinen überaus dankbar für jede kleine Freundlichkeit, die zu Ihrem Glück beiträgt. Und umgekehrt vergrößern unglückliche Menschen ihr Unglück oft noch, indem sie jeden Gedanken daran vermeiden, wie viel sie von anderen erhalten und wie viele Opfer andere Menschen gebracht haben, um dafür zu sorgen, dass sie glücklich und zufrieden sind.

(Ende der mentalen Übung)

Bei der Nachfolgerin entstand durch die Begleitung eines persönlichen Coaches und die Praxis dieser Übung ein ruhiges Verständnis für pragmatische Handlungen und deren Begründbarkeit. Dadurch konnte sie im Laufe einer Zeit von fast 2 Jahren die psychische Stabilität erhalten, um Unternehmen und Familie durch die Wüste zu führen.

Die Selbstsicherheit einerseits und das Verständnis für eine offene Informationspolitik zugunsten von Lieferanten, Kunden und Anteilseigner zeigt sich im Rahmen der Lösungsebene für die Organisation.

11.6.4 Lösungsebene im Organisationsrahmen

In Familienunternehmen ist eine der wichtigsten Aufgaben die Würdigung gegenseitiger Verdienste in Führungspositionen.

Krisen tauchen in Unternehmen sowie Familiendynastien oft zu gleichen Themen auf. Es handelt sich um Kreislaufphänomene. Innerhalb dieses Kreislaufes: Expansion – Produktfokussierung – Expansion … entstehen im Laufe der Zeit Spannungen und Krisen durch unterschiedliche Bewertung der Generationen. Beispiele gibt es genügend. Genannt seien aus den Veröffentlichungen der Wirtschaftspresse Hertz, Dornier, Gerling …

WERtorientiertes Handeln hat hier vor allem den Dialog und die gegenseitige Anerkennung nötig. Befinden Sie sich im Zwist oder Zorn über die Nachfolge in der Firma, überprüfen Sie Ihre Haltung oder suchen Sie sich Stabilität und Reflexion bei außen stehenden Personen.

Familienunternehmen neigen aufgrund emotionaler Verflechtungen oft dazu, ihr Handeln im Unternehmen nicht offen und ehrlich im Sinne eines unabhängigen Kaufmanns zu beleuchten.

Führen Sie sich als Krisenmanager Ihre bewussten und unbewussten Motive vor Augen. Seien Sie ehrlich im Bereich der Auslastung Ihrer seelischen und körperlichen Beanspruchung.

Legen Sie gerade hier großen Wert auf Ihre Gesundheit und versuchen Sie nicht, mit Tricks Gelder oder Besitz zu vertuschen!
In unserem aktuell vorgestellten Fallbeispiel waren Gelder über Strohmänner und Unterbeteiligungen verschoben worden. Dies sorgte für eine äußerst unerfreuliche Verquickung zivilrechtlich und strafrechtlich kritischer Punkte, die das Insolvenzrisiko wesentlich erhöhte.

Fast alle Beteiligten in diesem Unternehmen hatten mit großen psychosomatischen und körperlichen Belastungen zu tun. Dies wurde in langen Gesprächsrunden deutlich. Erst danach konnten erste Ansätze gegenseitiger WERtschätzung langsam zu einer Lösung und aus den roten Zahlen führen.

11.7 In der Zwickmühle von Position und Aufgabe
Branchenbezug: Möbelhersteller

Konzentration über längere Zeit aufrecht zu erhalten und den eingeschlagenen Kurs zu verfolgen, sind wesentliche Aufgaben einer Führungskraft.

11.7.1 Ausgangssituation

Die K-Gruppe wurde um 1930 als Familienbetrieb gegründet. 1995 wurde das Unternehmen in eine Aktiengesellschaft umgewandelt. Mit einem Umsatz von 400 Mio. € im Geschäftsjahr 2003 und rund 3.000 Beschäftigten zählt die K-Gruppe in ihrem Möbelsegment zu den größten Herstellern in der Welt. Neben den Fabriken am Stammsitz verfügt sie über 5 weitere produzierende Tochtergesellschaften in Deutschland. Im europäischen Ausland hat K sieben 100%ige Vertriebstochtergesellschaften. Außerdem arbeitet K auf allen Kontinenten meist schon seit vielen Jahren mit leistungsfähigen Importeuren zusammen, sodass K-Möbel weltweit erhältlich sind.

11.7.2 Der Knackpunkt

Zum damaligen Zeitpunkt (Januar 2000 bis November 2001) hatten das Unternehmen in sechs Jahren sechs Unternehmensberatungen „auf den Kopf gestellt" und, wie die Leiterin der Personalabteilung es ausdrückte, „bei den Leuten den Eindruck einer Heuschreckenplage hinterlassen". Trotzdem hatte sich an dem Umsatzverlust und den roten Zahlen innerhalb des Marktsegmentes so gut wie nichts geändert.

Dadurch war das Zutrauen der Mitarbeiter in die Kompetenz des Vorstandes erschüttert.

Ein neuer Vorstand aus München versuchte den Spagat zwischen den traditionell orientierten Mitarbeitern aus den dörflichen Strukturen und deren Interessen im Hauptwerk und den neuen Anteilseignern und ihren Erwartungen an die Profitabilität, die sich wenig an den Folgen für

Qualität, Image und Service orientierten, zu schaffen. Er hatte obendrein ein rabiates Kostensenkungsprogramm eingeführt.

Die Leiterin der Personalabteilung saß als Abwicklerin für den Vorstand und als Ansprechpartnerin für die Belegschaft in diesem Zusammenhang zwischen den Stühlen. Von ihr wurde die Durchsetzung des Programms erwartet. Sie sollte auf Qualität der Produkte, Kompetenz des Services und der Abwicklung und gute PR für die Marke achten.

Beide Führungskräfte (Vorstand und Personalabteilung) betrachten wir im Folgenden getrennt auf ihr WERteverhalten und mögliche Lösungen.

11.7.3 Persönliche Lösungsebenen für den Vorstand

Ein guter Vorstand betrachtet die verschiedenen Interessen, überprüft seine Prioritäten und achtet auf langfristige Auswirkungen seiner Entscheidungen. In diesem Falle steht auch die **Marke** des Unternehmens mit auf dem Spiel!

Mentale Empfehlung:

Nehmen Sie sich jeden Tag ein wenig Zeit, damit Ihr Verstand sich ruhig und konzentriert mit den umfassenderen Fragen des Lebens beschäftigen kann. Würden Sie das, was Sie im Moment tun, auch dann tun, wenn Sie wüssten, dass Sie heute Nacht sterben würden? Stimmen Ihre Prioritäten? Gibt es entscheidende Fragen in Bezug auf Ihre Lebensführung, vor denen Sie sich vielleicht zu verstecken versuchen, indem Sie immer mehr Stunden am Tag arbeiten und sich in immer größere geschäftliche Aktivitäten stürzen?

Betrachten Sie Ihr Leben mit ein wenig Abstand, um zu sehen, was **wirklich** zählt, für Sie und **Ihren** Auftrag. Die Anschauung oder die Sichtweise, die entsteht, indem Sie jeden Tag ein wenig Zeit mit solchen Reflexionen verbringen, tritt als starke Konzentrationsfähigkeit ins Bewusstsein.

Damit verfügen Sie über die **grundlegende** Kraft, wirklich langfristig dienliches Handeln zu verwirklichen und dafür auch Schelte in Kauf zu nehmen.

Die Kraft der Unterscheidung und die Kraft, daraus resultierende Entscheidungen ehrlich gegenüber allen zu vertreten, sorgen für eine langfristige Sicherung aller Interessen und Ihres Arbeitsplatzes als Vorstand. Gerade unsere hektische und zum Teil von „Küchenpsychologie" getriebene börsenorientierte Triebhaftigkeit führt zur WERtevernichtung und zur permanenten Rotation von Vorständen.

11.7.4 Für die Führungskraft im Personalbereich

Ihre Ansicht bezüglich Zusammenhängen weist Defizite auf. Im Grunde genommen gibt es nur drei Erklärungsmöglichkeiten dafür, warum diese Vorgänge (Verlust von Marktanteilen, Unglaubwürdigkeit der Marke und Unzufriedenheit in der Belegschaft) auftreten:

Erklärung Nummer eins:

Die Dinge beruhen auf gar nichts, alles ist bloßer Zufall. Wie und warum all diese Dinge geschehen, unterliegt keinem Muster und keinerlei Logik.
Muster: unvorhersehbare, chaotische Welt

Erklärung Nummer zwei:

Die Sie umgebende Welt mit allem, was sie beinhaltet, geht auf die bewusste Aktivität eines höheren Wesens (Gott, Allah, Jahwe, „die unsichtbare Hand" von Adam Smith) zurück. Ob vermeintlich Gutes oder Schlechtes geschieht, entzieht sich unserer Beurteilungskraft.
Muster: Schicksal, Fatum; unvorhersehbare, aber vorherbestimmte, determinierte Welt.

Erklärung Nummer drei:

Die Welt ist durch uns gestaltbar und aktiv veränderbar! Nichts ist zufällig, nichts passiert einfach so, und für unsere eigene Welt können wir niemanden außer uns selbst verantwortlich machen. Unsere Umwelt reagiert so auf uns, wie wir sie – also auch unsere Mitmenschen – behandeln (actio = reactio = naturwissenschaftlich langfristige Sicht, wie sie sich in der Systemtheorie der modernen Biologie oder der Meteorologie wiederfinden, z.B. Global Warming und Hurrikan/Tsunami-Problematik), – nicht, weil eine andere, außerhalb von uns befindliche Person diese Entscheidung trifft, sondern in Übereinstimmung mit einem ethischen Gesetz, das genauso gilt wie das Gesetz der Schwerkraft.

Dieses Ursache-Wirkungsgefüge gilt in der Wirtschaft, im sozialen Raum und im menschlichen Miteinander ebenso wie in der Naturwissenschaft.

Natur- und Sozialwissenschaftler wie Dietrich Dörner, Humberto Maturana, Robert Axelrod, Peter Senge (siehe auch Literaturanhang) haben uns in den letzten 20 Jahren gezeigt, dass in unserem sozialen und wirtschaftlichen Handeln langfristig ethisch problematisches Verhalten keinen Gewinn bedeutet.

Denken Sie hin und wieder über die Frage nach, woher diese ganze Welt mitsamt all den Menschen und allen Abläufen kommt. Dies bewirkt in Bezug auf Ihre Fähigkeit, größere Zusammenhänge in den Markt- und Geschäftsabläufen zu erfassen, sicherlich eine Veränderung.

Dadurch behalten Sie einen klaren Kopf in Auseinandersetzungen und können als Triebfeder in dem Dialog der Einzelparteien eine bereichernde Rolle spielen, ohne Ihr persönliches WERtesystem und Ihre WERtekoordinaten infrage stellen zu müssen.

Ein ethisch korrekter Turnaround berücksichtigt die Ideen der Mitarbeiter und sieht sie nicht als „Lämmer auf dem Weg zur Schlachtbank", sondern als kreatives Potenzial.

Um Ihre Positionen zu stärken betrachten Sie ähnlich gestaltete, positiv verlaufene Veränderungsprozesse in anderen vergleichbaren Branchen.

11.7.5 Lösungsebene im Organisationsrahmen

Die Konkurrenz ist gnadenlos und im Kopf-an-Kopf-Rennen scheinen Sie am Ende immer das Nachsehen zu haben.

Einer der Hauptgründe für dieses Phänomen besteht darin, dass man im Gespräch grob mit anderen Menschen umgeht.

Enthalten Sie sich über einen längeren Zeitraum konsequent aller Formen von verbaler Grobheit. Vergegenwärtigen Sie sich dabei, in wie vielen Fällen Sie es so *vermeiden* können, Ihre Denkleistung damit zu blockieren.

Als Praxisbeispiel sei ein Zitat eines Vorstandes gegeben, nachdem die Mitarbeiter einen Tag gemeinsam mit ihren Vorstellungen einen kreativen Weg aus der Krise vorgeschlagen hatten:
„Ich bedanke mich für die Vielzahl wunderbarer Beiträge und Botschaften, die von Ihrer Seite heute gekommen sind. Ich werde mich bemühen, davon möglichst viel in die Praxis umzusetzen. Aber seien Sie sich bitte bewusst, wir alle müssen in dieser Situation das gemeinsame Kreuz tragen. Das bedeutet Opfer, Opfer, Opfer!"
Das ist verbale Grobheit par excellence!

Im Falle von K war die „bewundernde Verankerung" am „Geburtsstandort" des Unternehmens durch Unsicherheit und Geschwätz fast ruiniert.

Früher war das Unternehmen der Stolz am Standort und Generationen gaben sich die Torklinke in die Hand. Dies hatte sich nun radikal geändert. Bevor der eigene Sohn bei K eine Lehrstelle annähme, suchte man lieber weiter entfernt einen Ausbildungsplatz (im Radius von 80 km!).

Halten Sie inne. Handeln Sie nicht aus einer hektischen Haltung heraus. Blicken Sie auf Zusammenhänge und Grundwerte.

Der Konzern hat durch die Jahre der Umstellung vom Familienunternehmen zum Weltkonzern und die Mengen an Beratungsunternehmen sehr viel Vertrauen bei den Mitarbeitern zerstört. Als Führungskraft sind Sie aufgefordert, zum langfristigen WERterhalt den Druck herauszunehmen, nicht zu steigern.

11.8 Stress – Burn-out – Mobbing
Branchenbezug: Mischunternehmen

11.8.1 Ausgangssituation

N operiert als Unternehmen seit 1984 im Bereich des Handels mit Produkten aus der ökologischen Landwirtschaft.

In dieser Kernkompetenz haben sich zwei Schwerpunkte entwickelt:

1. Textilien
2. Nahrungsmittel

Der Vertrieb erfolgt über eigene Märkte in Deutschland und über 1800 Partner im Drogerie- und Lebensmitteleinzelhandel-(LEH)-Bereich in Deutschland, Österreich und im benachbarten Ausland. Der Textilbereich arbeitet mit mehreren Versandhandelsfirmen zusammen. Der Firmengründer ist gleichzeitig Geschäftsführer. Das Unternehmen geht von der Pionierphase in die Konsolidierungsphase über. Es ist sehr schnell gewachsen; die 540 Mitarbeiter, die einen Umsatz von 85 Mio. € bewältigen müssen, sind vom Gründer oder seinem Prokuristen eingestellt worden. Eine Personalabteilung wird gerade aufgebaut.

11.8.2 Der Knackpunkt Mitarbeiterfluktuation

Das Unternehmen hat eine jährliche Mitarbeiterfluktuation von insgesamt 12%, in manchen Filialbetrieben bis zu 35%, u.a. zurückzuführen auf Stress und Mobbing. Der Krankenstand beträgt im Durchschnitt 5,4%.

Durch Gespräche wird deutlich, dass bereits in der Einstellungspraxis, aber auch im Dialog mit der Zentrale der „Hase im Pfeffer" liegt.
Der Prokurist fiel im Unternehmen 9 Monate wegen eines Burn-outs und Depressionen aus.

11.8.3 Persönliche Lösungsebenen für den Geschäftsführer und für die Führungskraft im Personalbereich

Für diese Situation gibt es im ersten und im zweiten Schritt verschiedene Lösungen.

Schritt 1:
Betrachten Sie die Firma mit neuen Augen: Gehen Sie von Flur zu Flur und schauen Sie in jede Abteilung oder in jede Filiale. Nehmen Sie sich die Zeit, die Sie eigentlich für sich selbst benötigen, um sicherzustellen, dass Ihr Management und Ihre Angestellten vor Überarbeitung geschützt sind – nicht nur vor der Überlastung, die Sie Ihnen zumuten, sondern auch vor derjenigen, die sie sich allzu leicht selbst aufbürden. Die innere Qualität, die durch solche Fürsorglichkeit für andere entsteht, führt bei *Ihnen* zu einem verbesserten persönlichen Gesundheitszustand.

Schritt 2:
Auch für das in diesem Unternehmen gemeinsam aufgetretene Phänomen „Stress – Burn-out – Mobbing" gibt es eine schnelle und einfache Hilfe: Überprüfen Sie Ihre Zusammenarbeit mit den Menschen, die für Sie tätig sind. Gibt es irgendwelche Umstände, unter denen Sie Ihre Mitarbeiter oder Mitarbeiterinnen ermutigen, zu schwindeln oder sich Vorteile zu verschaffen? Sind Ihnen Handlungsweisen zu Eigen, die einem Angestellten, ausgesprochen oder unausgesprochen, zu der Annahme Anlass geben könnten, dass Sie irgendeine Art von negativem oder unaufrichtigem Verhalten – einem Kunden, einem Lieferanten, einem Angestellten oder auch einem Konkurrenten gegenüber – billigen würden?

Es verwundert immer wieder, wenn ein Arbeitgeber einen Angestellten ermuntert, zu seinen Gunsten einen Kunden oder einen Konkurrenten zu betrügen. In manchen Firmen bringen Führungskräfte ihren Mitarbeitern oder Auszubildenden bei, wie sie Kunden täuschen, falsche Geschäftsberichte für die Bilanzprüfer anfertigen oder wie sie selbst bei Fertigungsprozessen oder Dienstleistungen „fünfe Gerade sein lassen".

Es ist jedoch dumm, die eigenen Angestellten zur Unwahrhaftigkeit anzuleiten, und naiv zu glauben, dass jemand, dem man beigebracht hat, andere zu betrügen, nicht den Arbeitgeber nach einer Weile ebenfalls betrügen wird. Dieses innere Zerwürfnis ist ein direktes Resultat, da Sie Ihre Mitarbeiter ermutigten, nicht unbedingt bei allen in Ihrem Namen abgewickelten Geschäften absolute Integrität an den Tag zu legen. Wenn Sie hingegen bei jedem Ihrer Angestellten, vom ersten bis zum letzten Mitarbeiter, eine integre Haltung unterstützen, vermittelt denen Ihre Arbeit eine bestimmte Art von Selbstvertrauen und Freude. Dann sinkt auch die Mitarbeiterfluktuation, ob durch Krankheit oder Unzufriedenheit.

11.8.4 Lösungsebene im Organisationsrahmen

Der Qualität der Mitarbeiterauswahl und ihrer Förderung (inklusive persönlicher WERtschätzung) gebührt Vorrang vor kurzfristiger Lohnersparnis. Suchen Sie Ihre Mitarbeiter weniger nach Zeugniskriterien, sondern mehr nach persönlicher Verlässlichkeit und persönlichem Engagement aus. Auch die „Chemie" muss stimmen! In der Art und Weise, wie Sie an dieser Stelle für zukünftige Mitarbeiter und für Ihr zukünftiges Unternehmen sorgen, liegt der Kernansatz einer verbindlichen Weise mit Personal umzugehen.

„Falsche" Leute anzuheuern, da Sie als Unternehmens- oder Personalleiter selbst gestresst und ausgebrannt sind, ist ein nicht zu unterschätzender Kostenfaktor. Achten Sie auf Menschen, die zuhören können. Blender kosten Wirtschaftsbetriebe mehr Ressourcen, als jede Kosteneinsparung bringt! Wenn Sie in einer Kontakt orientierten Branche tätig sind, meiden Sie die Entwertung Ihrer Angestellten um jeden Preis.

Schwierigen oder unpassenden Mitarbeitern nützt es mehr, ihnen durch Entlassung oder einvernehmliche Auflösung des Arbeitsverhältnisses zu einem passenderen Arbeitgeber zu verhelfen, als beide Seiten in ihrer Entwicklung aufzuhalten.

11.8.5 Kernhinweis

Die demographische Entwicklung ist für den Erhalt von WERten eine große Herausforderung. Würdigen und WERtschätzen Sie den Erfahrungshorizont älterer Mitarbeiter und Kollegen.

11.9 Intrigen und Gemütlichkeit
Branchenbezug: Finanzdienstleistung

11.9.1 Ausgangssituation

Der Finanzdienstleisterkonzern P hat durch große Schäden (in Folge seiner Tätigkeit als Rückversicherer) und eine veränderte Marktumgebung in seinen zwei Kerngeschäftsfeldern eine tief greifende Restrukturierung eingeleitet. Die Führung ist bemüht, diese schmerzvolle Veränderung ehrlich und offen zu vertreten. Schwierig ist es, das Gesicht eines erfolgreichen Unternehmens gegenüber Standort und Beschäftigten zu wahren und den väterlich-prinzipalen Habitus, der immer noch gilt, beizubehalten.

11.9.2 Der Knackpunkt

Im Bereich der Abteilungen und der mit Prokura ausgestatteten Mitarbeiter herrscht sehr großer Druck. Der Druck ist für einen Prokuristen (51) derart stark, dass er von einem auf den anderen Tag durch einen Hirnschlag stirbt. Persönliche Betroffenheit und Unruhe erfasst die Abteilung. Seine Position auf der Karriereleiter wird zur heißen Kartoffel: Einerseits begehrt, andererseits gefürchtet. Der potenzielle Nachfolger protegiert einen guten Freund auf diesen Platz, da er selbst dem Thema Tod und Risiko durch seine persönliche Historie nicht offen gegenübersteht und Angst vor dem Sterben am Arbeitsplatz hat. Um seine persönliche Lage zu stabilisieren, greift er zu Alkohol und Tabletten und bricht acht Wochen nach seinem Chef mit einem Nervenzusammenbruch am Arbeitsplatz seine Berufstätigkeit und seine Karriere ab.
Schwierige Situationen, insbesondere in diesem Unternehmen, fördern Gerede und Geschwätz. Um Spannungen abzubauen, wird nicht direkt über die Spannung und Lösungen reflektiert, sondern Angst, Neid und Zorn werden in Seitengesprächen und kleinen Intrigen abgedämpft, so dass äußerlich das „familiäre" Klima erhalten bleibt.

11.9.3 Persönliche Lösungsebenen für die Führungskraft

Mit dem Zusammenbruch des Vorgesetzten gelangte der potenzielle Nachfolger zu der Einsicht, dass im Laufe seiner Karriere und mit dieser entscheidenden Situation seine persönliche Integrität unübersehbar und in bestürzender Weise unter die Räder gekommen war.

Die Lösung für das Problem wird wahrscheinlich ganz und gar nicht dem entsprechen, was er vielleicht erwartete – denn der Verlust seiner Integrität ist durch einen früheren Mangel an Achtung vor Integrität per se verursacht. Etwas einfacher ausgedrückt: Unausgesprochen ist er derart lange der Auffassung gewesen, Integrität spiele in seinem Beruf keine Rolle, dass er nun dem Verlust seiner *eigenen* Integrität ins Auge sehen muss. Und das ganze verborgene Potenzial, das integres Verhalten bietet und ihm zu einem Riesenerfolg hätte verhelfen können, arbeitet jetzt gegen ihn. Das ist die eigentliche Katastrophe für ihn!

Die irrige Annahme, an seinem Gewissen vorbei handeln zu können, ist eine schwer zu überwindende Selbsttäuschung. Leugnung, Opportunismus und nachhaltiges Ausblenden effektiver Wahrheiten produzieren Chaos bis zur Selbstvernichtung beim Einzelnen und im Unternehmen.

Erfolg und WERTeorientiertes Handeln stehen nicht im Widerspruch zueinander, sondern bedingen sich gegenseitig. Integres Handeln ist die Basis für dauerhaften Erfolg und vermeidet die inneren Friktionen, die bis zu massiven gesundheitlichen Gefährdungen reichen.

Als der potenzielle Nachfolger hierüber nachdachte, sah er, dass viele seiner Auffassungen und Überzeugungen, worin die Gründe des Erfolgs liegen, ihm bereits in sehr jungen Jahren beigebracht wurden. Viele Annahmen über das „Leben" hatten ihm seine Lehrer im Wirtschaftsunterricht und in der Hochschule vermittelt. Die Beschränktheit dieser Vorstellungen wurde ihm nun bewusst.

Denk- und Verhaltensweisen, die sich langfristig in seinem Leben als kontraproduktiv erwiesen haben, muss er nun, um wirklich erfolgreich sein zu können, überwinden lernen.

Er ist kein Einzelfall: Selbstgefälligkeit und Vermeiden selbstkritischer Fragen bringen Unternehmer und Führungskräfte in das „Sitzfleisch-Dilemma". Hier werden Mitarbeiter und WERte porös; subtile Intrigen, angebliche Betonung des Allgemeinwohls bei egoistischem Handeln, Dienst nach Vorschrift sind sehr starke Gifte für Unternehmen und Führungskräfte. Diese Art von Stress macht leer und krank, Unternehmen wie Führungskräfte.

Weiterhin ist Courage nötig, um die persönlichen Erkenntnisse auch durchzusetzen. Dazu gehört am einfachsten ein solides Fundament für Führungskräfte in Partnerschaft, Familie und sozialem Umkreis, denn dadurch ist die Einspitzigkeit in Bezug auf Status und Beruf entschärft. Wer Rückhalt hat, kann leichter Rückgrat zeigen! Wer diesen Rückhalt nicht hat, kann und muss diese Courage dennoch aufbringen: Für die charakterliche Entwicklung und das Selbstwertgefühl ist dies eine unschätzbare Belohnung!

Sicherheitsstrategien, die sich in „Geschaftlhuberei" oder „Klüngelei" zeigen, führen über längere Zeit zur Deformation des Unternehmens und der eigenen Persönlichkeit.

Der Mut, zu seinen Überzeugungen zu stehen und die Konsequenzen zu tragen, bringt Stolz auf sich selbst und innere Freiheit mit sich: Grundlage für langfristigen und gesunden Erfolg.

Für Leitende ist in solch einer Situation auch die bewusste Auseinandersetzung mit den Themen Tod, Vergänglichkeit und Sterben notwendig. Sie beschäftigen sich ansonsten unterbewusst damit. Dies offen zu thematisieren ist Lösungsansatz für das Unternehmen. Indirekte WERtevernichtung findet statt, wenn Tod, Krankheit oder Invalidität kompetenter Führungskräfte riskiert wird.

11.9.4 Lösungsebene im Organisationsrahmen

Auf der organisatorischen Ebene ist es sinnvoll, Führungskräften zu erläutern, wie psychologische Verdrängungsprozesse und körperliche Gesundheit zusammenhängen und entsprechende Programme für Leitende zu entwickeln, die deren Bedarf entsprechen.

Unternehmen dieser Größenordnungen neigen dazu, sich selbst in Teams und Abteilungen zu zerlegen und damit Konkurrenz untereinander zu fördern. Hier entsteht gerade in Krisenzeiten Verschleiß statt Freisetzung verborgener Potenziale. Hier ist sachorientierte Kommunikation auf verschiedenen Ebenen durch „Lernzirkel" eine sinnvolle Ergänzung.

Auf der Gesamtunternehmensebene ist es wichtig, die Themen Nachhaltigkeit, Langfrist und Vorsorge im Unternehmen selbst zu verdeutlichen und in die Praxis umzusetzen. Programme zum Stressabbau und zur Reflexion gesunder Lebensführung sollten diese Unternehmen gerade (aber nicht nur) in Spannungszeiten „durchziehen". In einem gewissen Rahmen ist dies bei P auch geschehen.

Auf der mentalen Ebene ist dies aber nicht realisiert worden. Die Faktoren, die wirklich wegführen von Missgunst unter Kollegen, Misskommunikation zwischen den Abteilungen und hin zu einem gesunden Klima, sind und bleiben Chefsache. Dies bedeutet, die oberste Führungsebene muss die erwähnte Fokussierung auf Gesundheit und den Mut, die tieferen Ursachen anzugehen, vorleben. Dieses Vorleben stärkt die Selbstverantwortung des Einzelnen.

Damit ist dem Mitarbeiter selbstständiges Denken und Handeln erlaubt und von ihm gefordert. Es entsteht ein hohes Potenzial an gegenseitiger WERtschätzung. Die Menge an Seitengesprächen und unternehmensinterner „Yellow Press" wird dadurch weniger, die Ausrichtung auf das aktuelle Ziel und damit die Erfolgschance werden verbessert.

Es kann auch sinnvoll sein, einem Teil der Gefühlslagen in einem Unternehmen im Umbruch mit kreativen Ausdrucksformen Raum zu verschaffen. Dazu gehören z.B. künstlerische Tätigkeiten wie Theater, Teambildhauerei, Design (virtuell oder in Material). Als Beispiele können genannt werden die Lehrlingsausbildung einer Drogeriemarktkette (s.o.), die Führungskräfteentwicklung in einem europaweit tätigen Einzelhandelsunternehmen und Teamwork mit Führungskräften, Meistern und Ingenieuren an einem zerlegten Fahrzeug.

11.9.5 Kernhinweis

Bitte prüfen Sie aus Ihrer Sicht einmal: Welche Kosten verursachen Fehlentscheidungen durch unterbewusste persönliche Stimmungen, Abteilungsdenken, Krankheit und Alkoholmissbrauch. Sicherlich kosten diese Fehlentscheidungen ein Vielfaches mehr an Zeit und Geld als Maßnahmen, die Selbstständigkeit, Ausgeglichenheit und Einsicht von Mitarbeitern fördern.

12 Interview mit Manfred Maus (OBI) und Wolfgang Thiele (GRID)

Interview Deutscher Manager Verband

Manfred Maus, ehem. Vorstands- und Aufsichtsratsvorsitzender der OBI Bau- und Heimwerkermärkte, Wermelskirchen

Wolfgang Thiele, Geschäftsführender Gesellschafter von Grid International Deutschland, Leverkusen

DMV: Inwieweit sind WERte in Ihrer täglichen Praxis von Belang?

Manfred Maus: Wirtschaft spielt sich heute in einem harten internationalen Umfeld ab. Auf Dauer kann nur erfolgreich sein, wer mit seinen Mitarbeitern eine gemeinsame WERte-Basis vereinbart und die Umsetzung im Unternehmen als permanente Herausforderung begreift und sie betriebsintern organisiert.

Wolfgang Thiele: In unserer Beratungspraxis spielen WERte eine immer größere Rolle. Unternehmen sind auf der Suche nach sinnstiftenden WERten, die neben der Qualität der Produkte und Dienstleistungen ein Motivationsfaktor für Kunden, Mitarbeiter und Lieferanten sind.

DMV: Welche WERte sind dies und wie wirken diese sich in Ihrem Unternehmen aus?

Manfred Maus: Vertrauen ist das wichtigste Kapital eines Unternehmens. Vertrauen senkt überall die „Transaktionskosten" – zwischen Käufer und Verkäufer, zwischen dem Unternehmen und seinen Mitarbeitern, zwischen dem Management und den Shareholdern. Vertrauen entsteht aber nur, wenn das Unternehmen seinen Mitarbeitern, seinen Kunden und Lieferanten in immer gleicher geschlossener Gestalt begegnet, also vertraut wird.

Vertrauen entsteht durch:

- Transparenz
- Qualität
- Bekanntheit und
- Erfüllung von Versprechen.

Wolfgang Thiele: Es sind vor allem WERte in der Interaktion und Kommunikation im Unternehmen. Ein Beispiel: Wenn Vertrauen und Respekt UnternehmensWERte sind und es kommt zu einer Meinungsverschiedenheit, einem Konflikt, kann man z.B. so reagieren: „Ich ziehe mich lieber aus dem Konflikt zurück, indem ich eine neutrale Position einnehme und eine Lösung vermittle. Ich suche nach konfliktfreien Lösungen. Dabei verlasse ich mich oft auf schon bestehende Lösungen und halte die Beteiligten dazu an, um des Fortschritts willen Kompromisse einzugehen." Die ethisch bessere Reaktion wäre: „Bei Meinungsverschiedenheiten und Konflikten betreibe ich Ursachenforschung. Ich ermutige die Teammitglieder dazu, die Differenzen konstruktiv zu besprechen, um eine vernünftige Lösung zu finden."

DMV: Welche positiven und negativen Erfahrungen haben Sie denn mit Ihrer persönlichen WERteorientierung gemacht?

Wolfgang Thiele: Es ist immer dann schwierig, WERte auch vorzuleben, wenn die Unternehmenskultur noch nicht auf einem einheitlichen Niveau ist. Führungskräfte, die Offenheit, Vertrauen und gegenseitigen Respekt erwarten, können von Personen, die sich z.B. opportunistisch verhalten, ausgenutzt werden.

Manfred Maus: Die positive Erfahrung ist, dass es wirklich möglich ist, eine solche WERteorientierte Unternehmenskultur zu schaffen. Die vielen Veröffentlichungen in Büchern und Zeitschriften, die ich in der letzten Zeit lese, zeigen, wie aktuell und brisant das Thema ist. Die negative Erfahrung sind die vielen Rückschläge im menschlichen Bereich.

DMV: Und welchen Stellenwert räumen Sie WERteorientiertem Handeln in der beruflichen Praxis heute und in der Zukunft ein?

Wolfgang Thiele: Neueste wissenschaftliche Untersuchungen haben ergeben, dass Unternehmen, die ihr Handeln auf WERten basieren und die WERte auf allen Unternehmensebenen teilen, auf lange Sicht die besseren Ergebnisse erzielen.

Manfred Maus: Aktuelle Studien zeigen, dass betriebswirtschaftliche Ergebnisse diese Erfahrung bestätigen. Und dass weltweit Mitarbeiter ethische GrundWERte neben einer angemessenen Bezahlung als sehr wichtig betrachten, um zu einer langfristigen, auf Vertrauen aufgebauten Zusammenarbeit zu kommen.

DMV: Auf welche Art und Weise sehen Sie wirtschaftlichen Erfolg und WERte miteinander verknüpft?

Manfred Maus: Das WERtesystem bildet die Klammer, die alle Konzernaktivitäten sichtbar und erlebbar macht, ohne die Menschen zu gängeln. Es dient als Ordnungsrahmen der Führungsphilosophie des Unternehmens und ist kein Spielplatz für WERteverliebte Manager mit fehlendem operativem Fokus.

Wolfgang Thiele: Die Verknüpfung ist offensichtlich. Ein grundsätzlicher WERt ist die Erreichung von Ergebnissen mit und durch Menschen. Somit ist der Leitungsbezug immer Bestandteil der Unternehmens-WERte.

DMV: In der globalisierten Wirtschaftswelt gibt es verschiedene Kulturen. Inwieweit halten Sie einen globalen WERtekanon für möglich und was müsste er umfassen?

Manfred Maus: Die Globalisierung erfordert eine länderübergreifende WERte-Ordnung sowie eine gemeinsam gelebte Unternehmenskultur und ist Grundlage für die Unternehmensvision und den Verhaltenskodex. Die WERteordnung ist zeitlos und gilt für alle Kulturen weltweit, für Konsumgüter- wie für Industriegüter-Produzenten, ebenso für Handels- und Dienstleistungsorganisationen.
Die ethischen Grundlagen fokussieren nicht das System Unternehmen, sondern die Individuen, die das System bilden.

Wolfgang Thiele: Ein globaler WERtekanon ist nicht nur möglich, sondern er existiert in vielen Unternehmen bereits. Multinationale Unternehmen tauschen Führungskräfte permanent aus. Manager aus Südeuropa arbeiten in Skandinavien und umgekehrt. Europäische Führungskräfte sind für eine paar Jahre in Asien oder USA und umgekehrt. Um in der schnelllebigen Wirtschaft Erfolg zu haben, kann nicht in mehrmonatige Anpassungsprozesse investiert werden, sondern die WERte müssen unternehmensweit gelten. Neben den schon genannten WERten wie Vertrauen und gegenseitiger Respekt geht es um die grundsätzliche Einstellung, dass Leistungsorientierung und menschliche Orientierung sich nicht gegenseitig ausschließen, sondern, wenn sie eine integrierte Kraft bilden, Spitzenleistung durch motivierte Mitarbeiter erreicht wird.

DMV: Wie gehen Sie im Sinne WERteorientierter Unternehmensführung mit Bestechung und Betrug auf Seiten Ihrer Geschäftspartner um? Müsste man in diesen Fällen nicht mit gleichen Mitteln reagieren, um das eigene Unternehmen zu schützen?

Manfred Maus: Ganz und gar nicht. In diesen Situationen kann man erkennen, ob es einer Firma mit der WERteorientierung wirklich ernst ist. Es sollte immer nach den eigenen Grundsätzen gehandelt werden. Eventuell sollten diese Machenschaften öffentlich gemacht werden, um darzustellen, dass es ethische Unterschiede bei den Unternehmen gibt. Dies wirkt nach innen und außen stärker als manche Werbekampagne.

Wolfgang Thiele: Gerade in solchen Fällen kann man eine sehr positive Presse bekommen. Auch wenn man aus kurzfristigen Überlegungen heraus geneigt sein könnte, „mit gleichen Mitteln zu reagieren", ist die langfristige Wirkung ausschlaggebend. Eine vorbildhafte Verhaltensweise ist als Motivationsfaktor für die eigene Belegschaft nicht hoch genug einzuschätzen.

DMV: Wie kann man denn den Wandel hin zu einer WERteorientierten Unternehmenskultur starten?

Wolfgang Thiele: Der 9,9-Führungsstil lässt sich auf einem Verhaltensgitter als die Integration höchster Ergebnisorientierung und

gleichzeitig höchster Menschenorientierung darstellen. Vor diesem Hintergrund arbeiten Unternehmen permanent daran, dass die Menschen im Unternehmen die hohen WERte, die von 9,9 verkörpert werden, in der täglichen Praxis erreichen. In Leadership-Seminaren, in Teamentwicklungsprozessen, in Fusionsmaßnahmen und einer Fülle weiterer Workshops für alle Zielgruppen im Unternehmen werden immer wieder praxisbezogen Lücken aufgezeigt. Die Motivation, die sich aus dem Erkennen der Lücken im eigenen Verantwortungsbereich ergibt, mündet in konkrete Maßnahmenpläne zur Veränderung.

Manfred Maus: Bei OBI und Lux haben wir schon Ende der 60er-, Anfang der 70er-Jahre damit begonnen, alle Führungskräfte in Grid Seminaren mit dem als „9,9-Führungsstil" bekannten Idealverhalten vertraut zu machen. In dem von den amerikanischen Verhaltenswissenschaftlern Blake und Mouton entwickelten Verfahren findet in intensiven gruppendynamischen Prozessen eine Konfrontation zwischen dem eigenen tatsächlichen Verhalten und einem idealtypischen Verhalten statt. Der Startpunkt sollte auf jeden Fall oben im Unternehmen liegen. Nur wenn sich Vorstand oder Geschäftsführung als erste einem solchen Prozess stellen, ist Wandel möglich. Ein Beginn auf mittleren oder unteren Ebenen führt nicht zu dauerhafter Veränderung.

DMV: Herzlichen Dank Ihnen beiden für die Zeit, die Sie sich genommen haben und für Ihre bereichernden Beiträge zum Thema!

13 Interview mit Fred Hürst, Hyatt

Fred Hürst, Area Vice President Hyatt International Hotels

DMV: Guten Abend, Herr Hürst! Als Sie von dem WERteleitfaden für Führungskräfte erfuhren, erklärten Sie sich spontan bereit zu diesem Interview. Sagen Sie, inwieweit sind WERte in Ihrer täglichen Hotel-Praxis eigentlich von Belang?

Fred Hürst: Fast jeder Mitarbeiter im Hotel hat täglich Kontakt zu unseren Gästen. In der Teamarbeit untereinander und in der Begegnung mit dem Gast spiegeln sich unsere WERte, sei es unbewusst oder bewusst. Indem wir den Mitarbeitern unsere WERtevorstellung vermitteln, handeln sie gegenüber den Gästen im Rahmen der von uns bestimmten Philosophie, die die Kultur des Unternehmens ausdrückt.

DMV: Und welche WERte sind dies und wie wirken sich diese in Ihrem Unternehmen aus?

Fred Hürst: Die Kulturmerkmale und die WERte von Hyatt wurden von den Mitarbeitern entwickelt. Nachdem wir festgestellt hatten, dass die einzigartige Hyattkultur den Großteil unseres Erfolges ausmacht, haben wir in einzelnen Teams die besonderen Eigenschaften identifiziert und die Persönlichkeit unserer Kultur festgehalten. So können wir sie gezielt an die neuen Mitarbeiter weitergeben. Unsere wesentlichen Kulturmerkmale lassen sich auf folgende Nenner bringen: Hyatt Mitarbeiter sind innovativ, arbeiten in Teams, sie kümmern sich umeinander, sie fördern persönliches Wachstum, sind multikulturell und kundenorientiert. Daraus leiten wir unsere WERte, unsere so genannten „core values", ab. An oberster Stelle steht die Anerkennung der Mitarbeiter. Wir WERten unsere Mitarbeiter als wichtigstes Kapital. Die Mitarbeiter müssen mit dem richtigen Wissen ausgerüstet sein, um die Unternehmensziele zu erreichen, ihre Initiativen und außerordentlichen Erfolge werden belohnt. Wir legen WERt darauf, dass jeder Mitarbeiter seine Arbeit mit der Überzeugung verrichtet, dass sein Einsatz wichtig ist und zum Erfolg des Unternehmens beiträgt. Gleichzeitig ermutigen wir Innovationen und unternehmerischen Geist, respektieren die lokale Kultur und vermeiden überhebliches Benehmen. Der Gast spürt und erlebt diese WERte, das macht den Erfolg von Hyatt aus.

DMV: Welche positiven und negativen Erfahrungen haben Sie mit Ihrer persönlichen WERteorientierung gemacht?

Fred Hürst: Ich hatte keine Mühe die WERte von Hyatt International zu übernehmen, da ich schon vor meiner Hyatt-Zeit nach ähnlichen WERten gelebt und geführt habe. Da unsere WERte gut umgesetzt und vom Team gelebt werden, erhalten wir viel Bestätigung durch unsere Gäste. Negative Erfahrungen habe ich keine gemacht, im Gegenteil!

DMV: Welchen Stellenwert räumen Sie WERteorientiertem Handeln in der beruflichen Praxis heute und in der Zukunft ein?

Fred Hürst: Bezogen auf den Dienstleistungssektor ist die Vermittlung von WERten umso wichtiger in einer Welt, in der sich Produkte und auch Dienstleistungen immer ähnlicher und damit austauschbar werden. Insgesamt halte ich die Besinnung auf WERte für existenziell. Sie geben nicht nur in der Erziehung von Kindern und Jugendlichen Halt und Orientierung, sondern haben auch im unternehmerischen Alltag ein hohes Identifikationspotenzial. Nur wer sich mit dem Unternehmen und seinen WERten identifiziert, kann sich im Unternehmen entwickeln und erfolgreich handeln.

DMV: Auf welche Art und Weise sehen Sie wirtschaftlichen Erfolg und WERte miteinander verknüpft?

Fred Hürst: Die Anerkennung, die wir von Gästen erhalten, zeigt uns, dass gelebte WERte unmittelbar positive Auswirkungen auf den Erfolg des Unternehmens haben.

Im Januar 2005 wählten die Leser des „Business Traveller Magazins" das Grand Hyatt Berlin zum zweiten Mal in Folge zum „besten Hotel in Deutschland". Im Mai 2005 wurde das Grand Hyatt Berlin von Hyatt International zum „Hotel des Jahres 2004" gekürt. Wichtige Kriterien für diese Wahl waren unter anderem die hohe Kunden-, aber auch Mitarbeiterzufriedenheit im Grand Hyatt Berlin. Das Magazin „Der Feinschmecker" zeichnete das Grand Hyatt Berlin als „bestes Hotel 2005" in Deutschland aus. Die deutschen Hyatt Hotels liegen im weltweiten

Ranking innerhalb des Unternehmens auf den ersten Plätzen. Diese Auszeichnungen zeigen uns, dass unsere Kultur den Erfolg des Unternehmens ausmacht.

DMV: Zu diesen Auszeichnungen kann man Ihnen wirklich gratulieren! Noch eine Frage: In der globalisierten Wirtschaftswelt gibt es verschiedene Kulturen. Inwieweit halten Sie einen globalen WERtekanon für möglich und was müsste er umfassen?

Fred Hürst: Bei der Auswahl der Mitarbeiter achten wir nicht auf die Nationalität, sondern auf die sozialen Kompetenzen. Wir erleben jeden Tag das Zusammenspiel verschiedenster Kulturen und bezeichnen uns als ein multikulturelles Unternehmen. Indem Mitarbeiter aus verschiedenen Nationen gemeinsam die WERte und Eigenschaften von Hyatt entwickelt haben, ist das bereits das Ergebnis einer multikulturellen – wenn auch im kleinen Maßstab – Gemeinschaft. Wichtig ist für uns dabei, die WERte in die jeweilige lokale Kultur einzubetten. Das, was wir nach innen leben, leben wir selbstverständlich auch nach außen in Kontakt mit Zulieferern und Kunden. Hyatt ist natürlich ein Mikrokosmos, aber warum sollten sich nicht auch globale WERte finden lassen, die als Richtlinie für weltweites wirtschaftliches Handeln gelten?

DMV: Haben Sie vielen Dank für dieses Gespräch, Herr Hürst!

14 Interview mit Prof. Dr. Norbert Walter

Prof. Dr. Norbert Walter, Chefvolkswirt der Deutschen Bank Research

DMV: Inwieweit sind WERte in ihrer täglichen beruflichen Praxis von Belang? Welche sind dies?

Prof. Walter: Sind WERte für mich von Belang? Ja! WERte und Wissen sind die Grundlage meiner beruflichen Praxis. Mein Arbeitsethos und meine Motivation, mein Willen zum Vorankommen und mein Willen zu führen wurzeln in meinen WERten. Insbesondere die Freude am Arbeiten verdanke ich meiner Wertorientierung. Respekt und Toleranz sind hohe WERte für mich. Unerlässlich in meinem Beruf sind Neugier, Mut, Vertrauen und unermüdliche Leistungsbereitschaft.

DMV: Welche positiven und negativen Erfahrungen haben Sie mit Ihrer persönlichen WERteorientierung gemacht?

Prof. Walter: Ich bringe meinen Mitarbeitern Respekt, WERtschätzung für ihre Leistung und Vertrauen in ihr Können entgegen. Hierzu passt das Wort von Saint-Exupéry: „Willst du jemanden das Bootbauen beibringen, vermittle ihm die Sehnsucht nach dem Meer". Diese Einstellung liegt mir sehr. Sie ist nobel. Sie drückt aus, dass man Menschen Möglichkeiten geben muss, um sich zu entwickeln. So freut es mich immer besonders, wenn ich sehe, wie Mitarbeiter sich weiterentwickeln und über sich hinauswachsen, etwa wenn ein Kollege in einer Diskussion mit einem gestandenen Notenbankpräsidenten mit seiner Fachkenntnis und Brillanz mehr als nur „besteht". Ich habe wenige negative Erfahrungen mit meiner WERteorientierung gemacht, auch wenn die WERtvorstellungen differieren, denn ich bin tolerant. Die Messe am Sonntag ist mein Ruheanker in einer geschäftigen Woche und somit von höchster Bedeutung für mich und hilfreich für mein Gegenüber, denn dies gibt mir Gelassenheit und Unaufgeregtheit in einer hektischen Welt.

DMV: Welchen beruflichen Stellenwert räumen Sie WERteorientiertem Handeln in der beruflichen Praxis heute und in der Zukunft ein?

Prof. Walter: Jede Führungskraft sollte sich an WERten orientieren. Am einfachsten und am effektivsten vermittelt man dies durch seine Vorbildfunktion. Es muss eine Selbstverständlichkeit für alle Führungskräfte sein. Großer Einsatz wird nicht gefördert, wenn ich zu spät komme, Pausen über alles liebe und meine Termine nicht einhalte. Leitung wird nicht effektiv, wenn ich nicht vermittle, worauf es mir ankommt.

Durch die Globalisierung haben sich die Distanzen verringert, die Welt ist viel kleiner und schnelllebiger geworden. Dies ist nicht negativ, anders als so oft behauptet wird. Menschen können in einer Lebenszeit viel mehr erfahren und vielfältiger geprägt werden und für andere prägend werden, als es ihnen noch vor 30 Jahren möglich war. Um dies weiterhin zu ermöglichen und zu fördern, sollte Freiheit für uns alle ein hohes Gut sein. Um den Menschen die Angst vor den vielfältigen Wahlmöglichkeiten zu nehmen, um sie aus sich herauszulocken, sollten wir weniger Sicherheitsdenken und stattdessen mehr Selbstständigkeit, Selbstvertrauen und Verantwortung vorleben und somit fördern.

DMV: Auf welche Art und Weise sehen Sie wirtschaftlichen Erfolg und WERte in Ihrem Bereich miteinander verknüpft?

Prof. Walter: Meist habe ich eine abstrakte, wissenschaftliche Leistung zu erbringen. Das macht einen großen Unterschied zu einer Arbeit, bei der man Ergebnisse direkt messen und wiegen kann, wie es häufig im Bankgeschäft der Fall ist, und bei Unternehmen, die mit Gütern handeln, noch viel mehr. Oft ist das Urteil über die Leistung in unserem Bereich abhängig von den Kollegen der Zunft, dem Zufriedensein der Kunden, oft freilich gar nicht unmittelbar nach Erstellen der Leistung, sondern erst lange danach: Etwa: „Wie gut war die Prognose?" Dies weiß man oft erst nach einem Jahr oder noch später. Zudem, die Leistung ist oft eine Teamleistung. Und drei gute und motivierte Mitarbeiter und ein Versager erzeugen oft die gleiche Enttäuschung beim Kunden wie ein insgesamt schwaches Team. Wer entscheidet, ob eine Leistung gut ist oder nicht? Der Chef bei der Kontrolle oder die Kollegen oder die Kundschaft? Aus alledem, was ich gesagt habe, würde man ableiten, dass ich eindeutig dem Kunden das Urteil überlasse. Das ist aber gefehlt! Es kann sein, dass der Kunde besonders urteilsschwach ist, vielleicht ist er ja nur „kaufmächtig". Dann ist es meine Aufgabe, als Chef die Selbstachtung eines qualifizierten Mitarbeiters zu erhalten, statt in die Kerbe des Kunden zu schlagen. Freilich weiß ich, nichts macht mehr

Stolz als selbstständig am Markt erfolgreich zu sein. Also sollte ich beim Leiten immer dann Zurückhaltung zeigen, wenn Selbststeuerung oder Außensteuerung funktionieren, weil so die Motivation des Mitarbeiters optimiert wird.

DMV: In der globalisierten Wirtschaftswelt gibt es verschiedene Kulturen. Inwieweit halten Sie einen globalen WERtekanon für möglich und was müsst er umfassen?

Prof. Walter: Ich reise viel und weiß, wie sehr sich die Kulturen unserer Welt unterscheiden. Der zentrale Wert, der in allen Kulturen gleich ist und der einem globalen WERtekanon innewohnen sollte – auch wenn er noch nicht überall gelebt wird – ist der Respekt vor der Unantastbarkeit der Würde des Menschen.

DMV: Herzlichen Dank, Herr Prof. Walter, für Ihre Ausführungen und die Zeit, die Sie sich an diesem frühen Montag genommen haben!

15 Roundtable-Gespräch

Hier sitzen die fünf Autoren zusammen. Wir greifen jetzt Themen auf, die zum Teil von außen an uns herangetragen wurden und bei denen es um die praktische Umsetzung von WERten im Alltagsgeschehen geht.

Rainer Willmanns:
Die Leute um Al Capone waren eine berüchtigte Gruppe, die sich ein eigenes WERtesystem schafften, innerhalb dessen Sie sich bestens organisierten. Dieses WERtesystem widerspricht jedoch entscheidend dem allgemeinen System heutiger Prägung. Mir stellt sich die Frage, ob WERte gruppenbezogen sein können oder allumfassend sein müssen.

Dr. Jürgen Brachetti:
Die katholische Morallehre hat hier eine klare Antwort gegeben: WERte sind universell, das heißt, sie gelten sogar für Außerirdische. Bezogen auf unser Beispiel mit Al Capone kommt hinzu: Typische Kriminellenkarrieren, und das gilt auch für Gruppen von Kriminellen, sind zeitlich befristet, etwa 7–8 Jahren Lebenszyklus. Entweder sie enden im Gefängnis oder gleich mit dem Tod. Die christlichen WERte dagegen gelten seit 2000 Jahren, und ein Ende kann ich beim besten Willen heute noch nicht erkennen. Das bedeutet für mich: WERte sind universell in Raum und Zeit.

Marco Witzel lacht zustimmend und sagt in amüsiertem Ton: Was soll ich da noch ergänzen – ich schließe mich den Worten meines Vorredners voll und ganz an …

Alle: Schallendes Gelächter!

Marco Witzel:
Nein, im ernst, ich kann mir sehr wohl vorstellen, dass es Gruppen gibt, die ihre eigenen WERte haben. Die sagen vielleicht: Was maßt ihr euch eigentlich an, WERte von unter Umständen auch Randgruppen als nicht universell gültige WERte anzuerkennen! Ist es nicht Aufgabe unserer Gesellschaft, Offenheit in diesem Punkt an den Tag zu legen, statt auszugrenzen? Ist es nicht Aufgabe unserer Gesellschaft, in einen

Dialog mit diesen Gruppen einzutreten, um nach ihren Beweggründen für diese Art von WERten zu fragen?

Rainer Willmanns:
Du hast aber nicht immer Zeit, mit „Heuschrecken" über Ethik zu diskutieren, denn zwischenzeitlich haben sie dich schon geschluckt.

Eberhard Morawa:
Hier müssen wir uns jetzt entscheiden, ob wir die alte Sozialismusfrage aufwärmen, ob das „Böse" von dem sozialen Umfeld abhängt, oder ob es darum geht, WERte auf Eis zu legen, wenn es um Gewinnmaximierung geht.

Marie-Luise Jansen:
Über WERte kann es doch überhaupt keine Diskussion geben! Wo soll es denn mit unserer Gesellschaft als solcher hingehen, Unternehmungen und Unternehmen eingeschlossen, wenn jede Gruppe ihre eigenen WERte definiert und damit eine Rechtfertigung für ihr Handeln quasi aus der Tasche ziehen kann?

Eberhard Morawa:
Das heißt aber doch: WERte müssen für alle gelten und dürfen eben gerade nicht von jeder subjektiven Interessengruppe selbst festgelegt sein. Und es bedeutet auch, dass WERte langfristig gültig sein müssen.

Marco Witzel:
Das möchte ich ohne Einschränkung so unterstreichen! Wie soll sich ansonsten ein Manager heutiger Prägung noch sicher sein können, dass „Leitplanken auch noch in 5 km Entfernung" vorhanden sind?
„Und Leichen pflasterten seinen Weg …". Es darf nicht sein, dass die Ziele ohne WERteorientierung durchgesetzt werden, auf Teufel komm raus.

Rainer Willmanns:
Aber selbst mit WERteorientierung kannst du als Führungskraft immer in das Dilemma kommen, zwischen „Pest" und „Cholera" wählen zu müssen. Und das bedeutet, es gibt nicht nur die Wahl zwischen moralisch rechtem und unmoralischem Handeln, sondern nur die Entscheidung zwischen Grautönen von unmoralischem, unanständigem, „unmenschlichem" Verhalten. Es kommt der Zeitpunkt, da wird man schuldig, egal,

wie man sich entscheidet. Der Vorteil der WERte liegt hier jedoch darin, dass man trotz Schuld auf einer höheren Ebene mit seiner getroffenen Entscheidung selbst leben kann …

Marco Witzel:
Lasst uns zu einem anderen Thema kommen: Ihr erinnert Euch an die Frage „Wenn mich ein Geschäftspartner bewusst betrügt, habe ich dann selber auch das moralische Recht, mit gleicher Münze zurückzuzahlen, um den drohenden Schaden noch verhindern zu können?" Darf man z.B. ein Dokument fälschen, um sich zu schützen?

Eberhard Morawa:
Grundsätzlich nie! Denn der ursächliche Fehler geht fast immer von dem aus, der betrogen wurde. In dem Fall, den Du vor Augen hast, wurden Verträge erst gar nicht geschlossen, oder: Verträge wurden falsch geschlossen. Erwartungen wurden nicht kommuniziert, Erwartungen wurden nicht richtig eingefordert. Zahlungen erfolgten beleglos und damit nicht nachweisbar und auf Reklamationen – und waren sie noch so unberechtigt – wurde in keiner Weise reagiert. In diesem Fall müssen wir uns doch einfach die Frage stellen, ob der drohende Schaden nicht selbst mitverantwortet wurde.

Rainer Willmanns:
Aus der Rollenpsychologie heraus lässt sich also sagen, dass die „erlebte" Opfermentalität nicht dazu einladen darf, in die Verfolgerrolle zu schlüpfen, sondern den Blick in den Spiegel zu wagen und sich selbst und sein Verhalten zu hinterfragen. Offene Selbstreflexion bedeutet: Ehrlichkeit zu sich selbst und der Situation gegenüber. Wie heißt es so richtig: „Die Wahrheit macht frei."

Dr. Jürgen Brachetti:
Dazu ein Einwand eines typischen Karrieremanagers. „Wahrheit, Freiheit, Ehrlichkeit, alles schön und gut, aber das ist doch alles nur Illusion und Wunschdenken. Was bringt mir das? Im Fußball gibt es den Begriff ‚In Schönheit sterben'. Letztendlich zählen doch nur die Tore". Die Erfahrung zeigt: Da ist etwas dran! Doch ich glaube, es bringt für einen persönlich sehr viel, WERteorientiert zu handeln. Der persönliche Gewinn liegt im Stolz auf das Geleistete, und zwar im Sinne von Zielerreichung verbunden mit anständigen Mitteln. Um es plakativ zu sagen: jeden Morgen mag man sich noch im Spiegel ansehen …

Rainer Willmanns:
Was mir in der Diskussion noch fehlt, ist das Thema „Bestechung, um an Aufträge zu kommen". Wie kann unser WERteleitfaden darauf Antworten geben? Denn Erwartungen oder Forderungen in Bezug auf monetäre Zuwendung, Prostitution oder Privatnutzung von Firmenleistungen sind doch Alltag, oder?

Marco Witzel:
Diese Praxis geht meist von der Entscheiderebene aus und ist oft genug gewollt, gewünscht, gefördert oder zumindest geduldet. Wichtig ist, nicht dazwischen zerrieben zu werden. Auch entsteht eine solche Forderung eines werdenden Kunden nicht mit einem Schlag, sondern ist Wirkung eines schleichenden systemischen Prozesses, dem nicht rechtzeitig und eindeutig Einhalt geboten wurde. Wehret den Anfängen!

Eberhard Morawa:
Wenn jemand stark genug – und unabhängig genug – ist, wird er das Angebot strikt zurückweisen. Anderenfalls muss er sich der Konsequenzen bewusst sein, die sein Nachgeben mit sich bringen wird:

- Abhängigkeit vom Kunden und damit Erpressbarkeit
- Keine Rückendeckung der übergeordneten Hierarchie beim publik werden.
- Gesellschaftlicher und familiärer Gesichtsverlust
- Strafverfolgung und irreparabler Lebenslauf

Marie-Luise Jansen:
Anspruch und Wirklichkeit klaffen dann weit auseinander, da es noch strukturelle Bedingungen in Branchen gibt, die ein Andershandeln aktuell nicht so einfach erlauben. Im ganzen WERteleitfaden jedoch finden sich Hinweise, Lösungsansätze und Empfehlungen, die dazu wertvolle Denk- und Handlungsimpulse freisetzen können.

Wir müssen nur daran denken: Selbst die Mauer in Berlin ist gefallen!

16 Krisen-Kompetenzen von Führungskräften

Letztlich folgen die Krisenkompetenzen den erworbenen Fähigkeiten und Handlungskompetenzen, die vor Krisen oder angespannten Situationen bereits angelegt sind. Krisen entstehen aus fehlerhafter Betrachtung von Ursache-Wirkungsketten und daraus, dass nicht alle Informationen bekannt sind. Krisen beginnen meist unscheinbar und schleichend. Wird eine Situation von vielen als Krise erkannt, ist es oft schon zu spät. Geeignete Frühwarnsysteme wären notwendig, sind aber oft nicht adäquat vorhanden. Auf der Ebene von Führungskompetenzen können einige Kompetenzfelder ausgemacht werden, die für das Managementhandeln in Krisensituationen Priorität besitzen:

16.1 Ressourcenorientierung

In Krisensituationen müssen Führungskräfte weit reichende Entscheidungen häufig sehr schnell treffen. Unter diesem Hochdruck darf allerdings der Fokus der Orientierung an den eigenen Ressourcen im Unternehmen nicht vernachlässigt werden. Wie steht es um das finanzielle und persönliche Potenzial im Unternehmen?

Bei jeglichen Entscheidungen sollten Input und Output genau und absolut ehrlich gegeneinander abgewogen werden. Dies setzt voraus, dass die Führungskräfte sowohl klare Vorstellungen über den Nutzen von Handlungen haben als auch wissen, wo in diesem Zusammenhang Kosten und verdeckte positive Potenziale entstehen oder bereits vorhanden sind.

Bereits laufende Aktivitäten sollten kontinuierlich hinsichtlich ihrer Ressourcenorientierung überprüft und, wenn nötig, schnellstens gestoppt werden.

Hier ist die innere Wahrheit in Unternehmen und bei Leitenden gefragt. Wer hier aus Angst, Dummheit oder Kalkül sich selbst oder anderen etwas vormacht, der erhöht die Wahrscheinlichkeit des Scheiterns.

Würde und Respekt: Krisensituationen sind Zeiten der Veränderung für ein Unternehmen. Unter den Spannungen gehen Achtung und Respekt untereinander oft verloren. Dies fördert als Resultate Verweigerung, innere Kündigung, Dienst nach Vorschrift oder gar Sabotageakte. Deswegen ist tiefe persönliche Achtung des Anderen und seiner Positionen eine Kernkompetenz in Krisen.

Konzentration auf Kernthemen im Gespräch: In keiner anderen Situation als in der Krise eines Unternehmens sind das schnelle Identifizieren und Fokussieren von Kernthemen von so entscheidender Bedeutung. Eine Führungskraft in einem Krisenunternehmen sollte somit Kernthemen rechtzeitig erkennen. Nachrede oder Zeitverluste durch langatmige oder persönliche Wichtigkeiten lenken den Fokus von den Kernthemen ab und torpedieren wirksame Gegenmaßnahmen.

Kontinuierliche Überprüfung innerer Stabilität
In Krisenunternehmen sind zahllose unvorhersehbare Probleme und Situationen an der Tagesordnung, nicht zuletzt aufgrund der Instabilität und der Zerreißprobe, die ein solches Unternehmen in dieser schwierigen Zeit prägt. Entsprechend sind Führungskräfte mit hoher innerer Stabilität, persönlicher Erfahrung und Langfristperspektiven gefordert, die kritische Aspekte erkennen und sich Gedanken über verschiedene Szenarien machen. Von besonderer Bedeutung ist für Führungskräfte in Krisensituationen auch die Fähigkeit, sehr umsichtig agieren zu können. Umsicht und innere Stabilität lassen sich trainieren, dafür gibt es inzwischen eine hinreichend bekannte Anzahl von Methoden.

Vermeiden sollten sie Alkohol, Beruhigungsmittel, Nikotin und andere Drogen. Der ersten Entspannung folgt eine nachhaltige Störung der geistigen Auffassungsgabe. Gesünder und effektiver ist körperliche Bewegung zum Spannungsausgleich.

16.2 Elastizität und Courage

Selbst in der schwierigsten Krisensituationen ist es wesentlich, noch die Frage zu stellen: Welches versteckte positive Potenzial steckt in dieser Situation für mich persönlich und für das Unternehmen? Vielleicht ist die Krise ein Anstoß für eine innere Neuausrichtung des Unternehmens oder es bedarf der Korrektur falscher Führung, falscher Angaben oder beschönigender Darstellungen. Courage lohnt sich!

16.3 Typische Managementfehler vermeiden

Trotz aller vorhandenen „Krisen-Kompetenzen" kann es dennoch zu Verhaltensblockaden bei Führungskräften in Krisensituationen kommen. Zur erfolgreichen Bewältigung von Krisen ist es deshalb sinnvoll, sich typischer operativer Managementfehler bewusst zu werden. Zumindest fünf Muster von Fehlverhalten sind häufig zu beobachtende Phänomene beim Umgang mit Krisen:

Vage Zielformulierung: Aus Angst vor weiteren Niederlagen durch das Verfehlen gesteckter Ziele bleiben neue Zielformulierungen häufig sehr unkonkret. Im Umkehrschluss führt dieses Phänomen dann zu Umsetzungsmaßnahmen, die nicht konsequent genug verfolgt werden oder gar in eine konträre Richtung führen.

Wahrung der eigenen Kompetenz: Im Vordergrund des Management-Handelns steht häufig die Wahrung des eigenen positiven Bildes – sowohl innerhalb des Unternehmens als auch in der Öffentlichkeit. Nicht selten führt dies zu einer viel zu optimistischen Darstellung von Tatsachen.

Nichtbeachtung zeitlicher Verzögerungen: Bei vielen Maßnahmen, die in Krisensituationen angestoßen werden, wird nicht berücksichtigt, dass zwischen formulierten Maßnahmen und den darauf beruhenden eintretenden Effekten häufig ein längerer Zeitraum liegt.

Tendenz des Ausweichens und Vereinfachens: In Krisenzeiten versuchen Manager oft mit allen Mitteln, auftauchenden Problemen auszuweichen. Gleichzeitig werden bei Überlegungen zu Problemlösungen häufig auch dringend notwendige Denkschritte ausgelassen und Nebenwirkungen von Maßnahmen nicht genügend berücksichtigt.

„Reparaturdienst-Verhalten": Die alleinige Konzentration auf jeweils aktuell auftretende Probleme, die ad hoc zu lösen versucht werden, ist ein weiteres, häufig zu beobachtendes Phänomen. Die wechselseitige

Verknüpfung der auftretenden Probleme wird dabei außer acht gelassen.

Verhaltensblockaden sind letztendlich Phänomene, die auf die Charaktere der Führungspersönlichkeiten in Krisenunternehmen zurückgehen: Dementsprechend lassen sich diese auch nicht völlig ausschalten. Macht man sich jedoch in Krisensituationen diese typischen Managementfehler bewusst, kann man seine eigenen Verhaltensweisen entsprechend kontrollieren und gezielt gegensteuern. Es gilt hier, wie so oft: Selbsterkenntnis und Reflexion sind die ersten Schritte zur Besserung.

17 Die Bedeutung des Umfeldes für den Einzelnen

Bei der Umsetzung des WERteleitfadens im Berufsalltag sind Hürden zu überwinden. Mit welchen Reaktionen muss man rechnen? Manchem wird mit Unverständnis begegnet werden (das „Rufer in der Wüste"-Syndrom), mancher wird als Weichei oder Schwächling eingeordnet oder wird Neid bzw. Scham derjenigen provozieren, die sich ebenfalls mit der Thematik auseinandersetzen, denen aber der Mut fehlt, ihrerseits die Verwirklichung anzupacken.

Hinzu kommt, dass der Einzelne auf sich allein gestellt wahrscheinlich nicht in der Lage ist, sich der Welle des negativen Umfeldes erfolgreich entgegen zu stellen.

Als erstes sollen deshalb Hinweise gegeben werden, die eine Prüfung des Unternehmensumfeldes erlauben und zeigen, welche Voraussetzungen gegeben sein müssen, um eine erfolgreiche Umsetzung im Alltag zu erlauben. Dabei handelt es sich um die Beachtung von „weichen" Kriterien, die zur Firmenkultur gehören.

17.1 Loyalität

In der Wirtschaft hat Loyalität, ob man sich dessen bewusst ist oder nicht, eine herausragende Bedeutung. Als Vorbedingung für Verlässlichkeit, Berechenbarkeit, Planbarkeit und vor allem Vertrauen ist Loyalität unverzichtbar.

In stabilen Systemen ist Loyalität **wechselseitig**. In Unternehmen heißt dies: Die Mitarbeiter sind loyal durch ihr Engagement, ihre Ehrlichkeit und ihren Gehorsam gegenüber den Vorgaben der Führung. Die Führung bietet dagegen Sicherheit, Entfaltungsmöglichkeiten und Karriere.

Ein solches System funktioniert nur, wenn Loyalität als wechselseitiger Wert von allen Beteiligten anerkannt wird. Der heute so oft beklagte Verfall von WERten hat gerade auch mit dem Verfall von Loyalität zu tun.

Ein Beispiel aus der amerikanischen Wirtschaft, geschildert von einem amerikanischen Unternehmer und Berater:

„Bis in die siebziger Jahre hinein gehörte beiderseitige Loyalität zum Bestandteil des Systems. Heute hat es häufig den Anschein, als würden Unternehmen nach dem Grundsatz handeln: Wir erwarten von Ihnen (dem Mitarbeiter) nach wie vor Gehorsam, aber Sie können sich nicht mehr auf uns verlassen. Sie müssen für sich selbst sorgen, doch es wäre besser für Sie, wenn Sie das innerhalb unserer strengen Richtlinien tun. Die Folgen in der amerikanischen Geschäftswelt sind hinter vorgehaltener Hand zugeflüsterte, erschütternde Geschichten von Verrat und Verzweiflung." (Richard Whiteley, „Der Business Schamane", S. 87, 2001)

Es leuchtet wohl jedem ein, dass ein Unternehmen, in dem solche Geschichten häufiger geschehen, nicht mehr reibungsfrei, schnell und kreativ im Wettbewerbsumfeld agieren kann. Und Wettbewerber, die von derartigen „Geschichten" weniger betroffen sind, freuen sich über diese Art interner Blockaden bei anderen.

Loyalitätsbedarf existiert in den verschiedensten Bereichen jenseits der Arbeitswelt: in Familie, Ehe, Staat und Gesellschaft. Oft genug kann der Einzelne erlebte Loyalitätsbrüche in einem Bereich nicht vollständig von anderen Bereichen trennen. So kommt es vor, dass jemand eine erfahrene Loyalitätsenttäuschung – beispielsweise in der Ehe – in ein ungerechtfertigtes Misstrauen gegenüber seinen Mitarbeitern transponiert.

Möglicherweise liegt im Loyalitätsproblem auch eine der Ursachen des gegenwärtigen Reformstaus: Der Bürger empfindet Reformansätze als Aufkündigung des Loyalitätsversprechens durch den Staat: „Du, Bürger, musst zwar einen immer größeren werdenden Beitrag zur Rentenversicherung leisten. Aber wenn Du selber Rentner sein wirst, wird für Dich nichts mehr übrig sein. Du kannst Dich auf den Staat nicht mehr verlassen."

Viele Mitarbeiter haben seit mehr als zehn Jahren in Unternehmen erfahren, dass Kosteneinsparprogramme mit Lohneinschränkungen in immer kürzeren Abständen initiiert werden. Die (versprochene) Arbeitsplatzsicherheit bleibt jedoch aus. Loyalitätsbrüche erzeugen meist auch Vertrauensbrüche.

17.2 Vertrauen

In der heutigen komplexen Welt sind die Aufgaben des Einzelnen so mit denen der anderen vernetzt, dass ein jeder für sich allein nichts mehr zustande bringen kann. Teamarbeit hat nicht umsonst einen solch hohen Stellenwert erreicht.

Voraussetzung für funktionierende Teamarbeit ist Vertrauen in Mitarbeiter, Kollegen und Vorgesetzte – in die Organisation schlechthin – um im heutigen schnellen Wettbewerbsumfeld erfolgreich zu sein.

Der Aufbau einer Vertrauenskultur ist Chefsache und die Einhaltung ebenso. Die Kriterien zur Schaffung von Vertrauen müssen nicht nur kommuniziert, sondern auch (proaktiv) vorgelebt werden. Um das obige Beispiel zu verwenden: Loyalität darf nicht nur gefordert werden, sondern muss von der Führung vorgemacht werden. Verstöße gegen Loyalität sind klar und umgehend zu ahnden.

Neben Loyalität sind weitere vertrauensbildende Faktoren:

- Glaube an eine bessere Zukunft
- Glaubwürdige Visionen und Ziele
- Kohärenz von Aussagen und gezeigtem Verhalten
- Bemühen um Wahrheit und Wahrhaftigkeit.

17.3 Zukunftsglaube

Der Glaube an eine bessere Zukunft ist eine wichtige Voraussetzung dafür, sich heute anzustrengen, ohne zu wissen, wie sich der Einsatz auszahlen wird.

Es ist Aufgabe der Führung, diese emotionale Motivation zu hegen und zu pflegen. Mancher mag jetzt vielleicht denken, das sei eher nachrangig oder wohl Sache des Einzelnen. Betrachten wir dazu das Beispiel Deutschland.

Einige vertreten die Auffassung, dass Deutschland zeitlich unbegrenzt für die Verbrechen des Nationalsozialismus zu büßen habe. Man kann die Behauptung wagen, dass ein ewiges Leben im Büßerhemd nicht unbedingt eine verlockende Zukunftsperspektive ist. Ohne eine positive Zukunftsperspektive wird ein freundliches Innovationsklima schwerlich erreicht werden.

Die schon seit Jahrzehnten erkennbare Technikfeindlichkeit hat dazu geführt, dass Innovationen meist nur unter dem Aspekt der Schädlichkeit gesehen werden. Begeisterung bei der Ideenentwicklung und damit Wettbewerbsvorsprünge werden damit sicherlich gehemmt. In der Folge hat Deutschland bei einer Reihe neuer Technologien sich selbst auf hintere Ränge versetzt (Beispiel Computertechnik).

Der Einzelne lebt in diesem gesellschaftlichen Klima, von dem sich zu isolieren kaum möglich ist. Um unternehmerisch handlungsfähig zu bleiben und Innovationen nutzen zu können, kommt dem Manager über die produktspezifische Problematik hinaus die Aufgabe zu, sich gegen solche Zeitgeistmoden zu stellen und auch unpopuläre Positionen einzunehmen, zu vertreten und vor allem durchzuhalten.

17.4 Visionen, Ziele und die Kohärenz zu dem gezeigten Verhalten der Führung

Um überhaupt eine Zukunft zu haben, muss man eine Vorstellung von seiner Zukunft haben, eine Vision, wie man leben möchte. Aus diesen Visionen werden Ziele abgeleitet und ein Plan, wie diese Ziele zu welchen Terminen erreicht werden können.

Für viele Unternehmen ist dies heute immer noch eine dringende Aufgabe. Aber das alleine reicht noch nicht. Problematisch sind auch unrealistische Ziele zu den geforderten Terminen oder gar widersprüchliche Ziele in dem Sinn, dass Interessenkollisionen unberücksichtigt blieben.

Zu fragen bleibt auch, inwieweit die kommunizierten Ziele die wahren Ziele sind oder ob es versteckte Ziele gibt, die ihrer Bedeutung nach die eigentlichen Ziele darstellen. Auf die eine oder andere Art spüren die Beteiligten letztlich doch die Doppelbödigkeit, mit der Folge des Verlustes von Effizienz, Glaubwürdigkeit und Kooperationsbereitschaft.

Weitere kritische Punkte treten auf, wenn die gewählten *Methoden* fragwürdig sind. Beispiel: Darf der Manager Vertragsbruch gegenüber seinen Lieferanten begehen, um seine Kostenziele zu erreichen? Wie im ganzen WERteleitfaden vorgestellt, liegt die Lösung auf der persönlichen Ebene in einem durch WERte definierten Koordinatensystem. Die Frage ist zu stellen, ob dieses Wertesystem deckungsgleich ist mit den im Unternehmen geforderten und praktizierten Handlungsmustern.

17.5 Leistungsgemeinschaft

Um die definierten Unternehmensziele wettbewerbsstark umsetzen zu können, bedarf es eines möglichst effizienten Zusammenspiels *aller* Mitarbeiter. Hierzu ist das geeignete Selbstverständnis der handelnden Personen (Mitarbeiter und Führung) von hoher Bedeutung.

Der Begriff Leistungsgemeinschaft deckt die beiden Bereiche, „Wille zur Leistung" und „Bekenntnis zur Gemeinschaft" ab.

Natürlicherweise wird heutzutage die Fähigkeit zur Teamarbeit besonders betont. Teamarbeit bedeutet, dass sich der Einzelne als Teil eines Ganzen sieht, mit dem manchmal schwierigen notwendigen Ausgleich von persönlichen und gemeinschaftlichen Interessen.

Der Gegenpol dazu ist der Individualist, der die Gemeinschaft als Mittel für die persönliche (egozentrische) Zielerreichung betrachtet.

Ein plakatives Bild wäre eine Ansammlung von Schrebergärtnern, die ihren Bereich einzäunen, alle mehr oder weniger das Gleiche anbauen und nicht erkennen können, dass Zusammenarbeit über Bereiche hinweg und Spezialisierung viel größeren und vielfältigeren Ertrag bringen könnten.

Über dieses Selbstverständnis hinaus, sich selbst als kooperativen Teil eines Ganzen zu begreifen, ist es wichtig, dass der Einzelne eine Vorstellung von der Mannschaft hat, der er angehört. Sieht er die Mannschaft als Meisterschaftsanwärter, die mit klaren, ehrlichen (auch moralischen) Regeln den Pokal, sprich die Marktführerschaft, erringen will, oder eher als Abstiegskandidat, der im Kampf dagegen gegebenenfalls üble Methoden für den Sieg nicht ausschließen will?

Eine Parallele aus dem Sport zeigt die Fragestellung: Lässt das Unternehmen für den Erfolg „Doping" oder z.B. „die Bestechung des Schiedsrichters" zu oder ist Legalität vorrangig?

Eine echte Leistungsgemeinschaft will besser sein als der Wettbewerb, und zwar auf faire Art. Sie will den Meistertitel gewinnen und darauf stolz sein können.

Hier muss der Begriff des „Benchmarkings" ins Spiel gebracht werden, der oft zum Vergleich von Unternehmen im Wettbewerb benutzt wird. Eine Leistungsgemeinschaft sieht „Benchmarking" vor allem als eine Art Bundesligatabelle an, die das aktuelle Leistungsvermögen übersichtlich darstellt. Sie gibt sich aber *nicht* damit zufrieden, mit möglichst geringem Aufwand gerade dem Abstieg entronnen zu sein. Im Gegenteil, eine Leistungsgemeinschaft ist bestrebt, selber die Leistungsnormen zu setzen, d.h. „der Beste" zu sein. Benchmarking ist daher nur etwas für Zweit- und Drittplatzierte.

Hieran zeigt sich, dass das klassische Verständnis der Ökonomie „mit dem geringsten Aufwand möglichst viel zu erreichen" oder die bekannte Pareto-Regel, 80:20, nicht alles sein kann.

17.6 Prozyklisches Denken

Was hinter diesem Begriff steckt, lässt sich durch bekannte umgangssprachliche Begriffe annähern, wie z.B. Herdentrieb oder Modediktat. Aus dem Finanzbereich kennt man die „Dienstmädchen-Hausse" (wenn auch das letzte Dienstmädchen vom Aktienboom während einer Hausse profitieren will) und Sprichwörter wie „Banken leihen nur demjenigen Geld, der es schon hat" oder „Der Boom ernährt sich selbst".

Prozyklisch bedeutet, dem aktuellen Trend zu folgen. Im Beispiel des Aktienmarktes: kaufen bei Höchststand und verkaufen bei niedrigen Kursen. Wer die Gewinnmöglichkeiten bei der Aktienspekulation jedoch ausschöpfen will, tut genau das Gegenteil: kaufen bei niedrigen Kursen (bei der Baisse), verkaufen bei hohen (in der Hausse), also antizyklisches Verhalten.

In der Produktion hieße dies, gerade bei noch schlechter Konjunktur zu investieren, um bei steigender Nachfrage genügend Kapazität zu haben. – gute Produkte vorausgesetzt.

Konsequenzen des prozyklischen Verhaltens äußern sich in Begriffen wie „auf den fahrenden Zug aufspringen" und „das macht / hat man jetzt so". Im Marketing kennt man so genannte Nachahmerprodukte, die die Entwicklungen anderer, vor allem der Marktführer, kopieren (z.B. Generika).

Im menschlichen Bereich ist das Übernehmen von Meinungen und Verhalten so genannter Meinungsführer bekannt und wird je nach Ausmaß als Opportunismus angesehen.

Aber Opportunismus ist heutzutage ein heikler Begriff: Einerseits sehen Finanzorientierte hier eine Möglichkeit, bei geringem Risiko gute Gewinne zu machen. Das Risiko der Verantwortung (Initiierung und Entwicklung einer neuen Idee) trägt hier ja der Marktführer. Andererseits erringt der Opportunist selten Achtung und Respekt. Aus dem Marketing ist bekannt, dass der Aufbau einer starken Marke nur mit Alleinstellungsmerkmalen gelingen kann und nicht mit dem Nachahmen des stärkeren Wettbewerbers. Opportunismus kann also nur eine Kurzfrist-Strategie sein.

Die in diesem Abschnitt behandelten Kriterien beschreiben Aspekte von Unternehmenskultur und helfen, Stärken und Schwächen dieser Kultur greifbarer zu machen. Hilfreich ist die Beschäftigung damit, wenn es darum geht, Zufriedenheit und Effizienz zu verbessern oder z.B. eine persönliche Standortbestimmung vorzunehmen.

Unzufriedenheit und Ängste eines Managers können damit zusammenhängen, dass sein persönliches Wertesystem mit der gelebten Firmenkultur nicht (mehr) kompatibel ist.

Bei einem Stellenwechsel sind obige Aspekte hilfreich, um durch geeignete Fragen und Beobachtungen die Passgenauigkeit des neuen Arbeitgebers beurteilen zu können. Ist ein Manager z.B. durch lange Jahre in einem Unternehmen geprägt, das der Produktqualität als oberster Maxime folgt, so kann er in einer neuen Firma, die niedrigere Kosten in den Vordergrund stellt, auf Akzeptanzprobleme stoßen.

Bei Unternehmensfusionen liegen die hartnäckigsten Probleme im Zusammenprall der Kulturen, der solche Reibungen verursacht, dass die erhofften Synergie- und Kosteneffekte meist nicht auftreten und viele Fusionen sogar scheitern. Die in diesem Kapitel diskutierten weichen Faktoren helfen, solche Kulturprobleme einzukreisen.

18 Hinweise für das Verhalten im Alltag

Der Fokus in diesem Kapitel liegt auf den Handlungsmöglichkeiten des Einzelnen für sich.

18.1 Mut, zu seinen Überzeugungen zu stehen

Es stellt sich oft die Frage, wo die Grenze verläuft zwischen Anpassung und Opportunismus bzw. dem Mut, zu seinen Überzeugungen zu stehen, und der Ruinierung der eigenen Existenz.

Die Frage deutet schon die Lösung an: Es gibt meistens (nicht immer) einen Mittelweg oder Kompromiss. Am leichtesten sind *die* Fälle, wo es keinen Kompromiss geben darf.

Wenn das Umfeld eindeutig und massiv gegen WERte verstößt: Als Extremfall gilt „Wer Geschäfte mit Gangstern macht, wird auf die Dauer selbst zum Gangster". Wem dies vielleicht spannend erscheinen sollte, der sei gewarnt. Gangsterkarrieren dauern typischerweise ca. 8 Jahre und enden im Gefängnis oder mit dem (abruptem) Tod.

Wenn das Umfeld eindeutig WERteorientiert ist und dies auch lebt: Überprüfen Sie Ihre eigene Position auf Stichhaltigkeit hin; wahrscheinlich werden Sie dann Ihre eigene Haltung anpassen.

Meistens handelt es sich um Fälle zwischen diesen Extremen. Hier muss jeder selbst entscheiden, wo er die Grenzen zieht – und dies auch verantworten. Diese Grenze liegt nicht nur in den WERten, die man noch zu beugen bereit sein könnte, sondern auch in der Konsequenz, was bei einer permanenten Beugung mit dem eigenen Charakter geschehen wird.

Die Abschätzung der Folgen einer dauerhaften Beugung ist immens schwierig, da man nicht weiß, was die Zukunft bringt. Daher ist es vorteilhafter, im ersten Aspekt die Grenze, welche Werte man eventuell beugen könnte, eng zu ziehen.

Es ist aus einem doppelten Grund vorteilhaft, den Mut aufzubringen, zu seinen Überzeugungen zu stehen. Mut zu zeigen ist eine grundlegende Größe für Führungsstärke. Zu seinen Überzeugungen zu stehen ist langfristig ebenfalls vorteilhaft, da öffentliche Überzeugungen manchmal wie Moden wechseln und derjenige an Vertrauen und Kontinuität gewinnt, der richtige Überzeugungen durchhält.

18.2 Delegieren: Ermächtigung und Verantwortung

Die Delegation von Aufgaben gehört zum täglichen Brot der Führungskraft. Oft genug hört man Vorgesetzte klagen, dass delegierte Aufgaben nicht zufrieden stellend ausgeführt werden.

Angenommen, die delegierte Aufgabe wurde klar beschrieben und zugeordnet. Eine mögliche Problemursache könnte dann in der fehlenden Überdeckung von Verantwortung des Mitarbeiters für die Aufgabe und seiner Ermächtigung liegen.

Ermächtigung kann z.B. heißen, dass der Mitarbeiter die öffentliche Rückendeckung seitens des Vorgesetzten und der höheren Hierarchieebenen genießt. Falls dem nicht so ist – beschrieben durch den bekannten Satz „Im Falle des Scheiterns müssen wir leugnen, Sie zu kennen" – wird der Mitarbeiter, und er wird es aus Selbstschutz auch müssen, extrem vorsichtig agieren und eher weniger als mehr tun – mit dem Resultat, dass wahrscheinlich kein Ergebnis erzielt wird. Es ist also wichtig, dass die Aufgabe und deren Ziele im Einklang stehen mit den Unternehmenszielen und den Zielen der übergelagerten Hierarchieebenen.

Eine andere Problemursache kann in der Einstellung des Vorgesetzten liegen. Nach dem Motto „Vertrauen ist gut, Kontrolle ist besser" überwacht er den Mitarbeiter stark, in einem Maße, dass eigenverantwortlich denkende und handelnde Mitarbeiter frustriert werden. Das Motto ist falsch und schädlich, doch viele propagieren es, aus verschiedenen Motiven, auf die hier nicht näher eingegangen wird.

Anständige, engagierte und intelligente Mitarbeiter wollen gute Arbeit abliefern. Sie kontrollieren sich selbst viel stärker, als es ein Vorgesetzter tun könnte. „Man ist sich selbst der härteste Richter", sagt eine Lebensweisheit. Die Aufgabe des Vorgesetzten ist es, Anregungen zu liefern, z.B. wenn der Mitarbeiter droht, vor lauter Vertiefung in die Aufgabe betriebsblind zu werden oder ein „Sparringspartner" im Prozessablauf zu sein. Sparringspartner bedeutet hier, dass sich der Vorgesetzte für die Aufgabe und die Zwischenergebnisse interessieren muss. Dieses Interesse motiviert dann den Mitarbeiter, sich selbst zu kontrollieren.

Zusammengefasst ist für erfolgreiche Delegation Freiraum für den Mitarbeiter, Interesse des Vorgesetzten und ein ehrlicher Rahmen erforderlich.

18.3 Vertrauensvorschuss

Die Erfolgsfaktoren des obigen Abschnittes implizieren das Vorhandensein von Vertrauen in hohem Maße: Vertrauen der Mitarbeiter in den Vorgesetzten und in das Unternehmen genauso wie umgekehrt.

Die Möglichkeit der Beeinflussung liegt dabei eindeutig beim Unternehmen und den Führungsebenen. Diese sind für die Auswahl vertrauenswürdiger und vertrauensbereiter Mitarbeiter verantwortlich. Auf die Dauer gelingt der Erhalt von Vertrauen nur, wenn sich auch die Führung vertrauenswürdig verhält.

Vertrauen kann nicht eingeklagt werden, es muss gelebt werden. Klare Regeln des Umgangs sind sehr hilfreich:

- die formalen Regeln des Unternehmens sind daraufhin relativ leicht abprüfbar,
- die informellen Regeln, zu denen auch die moralischen Verhaltensweisen gehören, sind schwieriger zu erkennen. Dafür sprechen sie sich schneller herum und prägen den Ruf des Unternehmens.

Umso mehr ist die Aufmerksamkeit des Vorgesetzten hierfür gefordert.

18.4 Handlungsmöglichkeiten, falls das Umfeld nicht stimmt

Falls das Umfeld nicht stimmt, ist nach persönlichen Kriterien zu analysieren,
- was genau nicht stimmt,
- in welchem Ausmaß das Umfeld den eigenen Überzeugungen widerspricht,
- und wie dringend Handlungsbedarf geboten ist.

Ist bei massiven Gesundheitsproblemen ein sofortiges Krankmelden oder ein sofortiger Urlaub nicht möglich, bleibt tatsächlich zu überlegen, ob eine Kündigung nicht die bessere Alternative ist. Ein Schlaganfall oder ein Herzinfarkt sind für den Betroffenen ein tödliches Risiko, das vom Arbeitgeber nicht hinreichend WERtgeschätzt wird.

In anderen Fällen sollte in Ruhe überlegt werden, ob eine veränderte Sichtweise unter Berücksichtigung von eventuellen privaten Anforderungen Zufriedenheit und gesundheitliches Wohlbefinden wieder herstellen kann.

Falls eine Veränderung innerhalb des Unternehmens eine Verbesserung bringen könnte und kein sofortiger Handlungsbedarf besteht, kann eine evolutionäre Strategie in Betracht gezogen werden: Man konzentriert seine Energien auf das gewünschte Aufgabenfeld ohne die anderen, ungeliebten Tätigkeiten allzu sehr zu vernachlässigen. Auf die Dauer wird das Umfeld auf den neuen „Experten" aufmerksam und ein „Ruf" für den gewünschten Bereich wird wahrscheinlicher.

Diese Strategie ist teilweise auch dann anwendbar, wenn man einen Unternehmenswechsel für unvermeidbar hält. Man nimmt sich die Zeit, herauszufinden, welches alternative Unternehmen in Frage käme, und bereitet sich in der aktuellen Position auf diese neue Tätigkeit vor, so man den eigenen Marktwert durch Erfahrungen im gewünschten Bereich erhöhen kann.

Diesen evolutionären Vorgehensweisen ist gemeinsam, dass man die Unzufriedenheit verbirgt (Hoffnung auf bessere Zukunft) und seine Energien nicht mit Widerstandsattacken vergeudet, sondern in eine Verbesserung der Absprungsituation investiert.

19 Checklisten

In diesem Kapitel geht es um eine persönliche *Ist-Analyse*. Die Ermittlung von Gegebenheiten dient Ihnen zur eigenen faktischen Standortbestimmung.

WERtecheckliste für Führungskräfte
WERtmaßstäbe für Unternehmen

Nr.	WERte-Aspekte	ja	vielleicht	nein	undenkbar
1.	Mein Unternehmen achtet auf die Einhaltung langfristig gültiger WERtmaßstäbe:				
2.	Mein Unternehmen achtet auf die langfristige Balance von Zielgrößen im Gegensatz zur kurzfristigen Maximierung einiger weniger Parameter:				
3.	Ehrlichkeit und Offenheit als Voraussetzung für Vertrauen und Verlässlichkeit sind bei uns gegeben:				
4.	Verstöße gegen Regeln (z.B. Korruption, „legitimierte" Unwahrheiten, Diskriminierung) werden sanktioniert:				
5.	Loyalität und Berechenbarkeit werden gelebt und gelten für Vorgesetzte und Mitarbeiter gleichermaßen, insbesondere in kritischen Situationen:				
6.	Im Hause ist langfristige Orientierung für alle Handlungen, insbesondere jene, die Planung, Reifezeit und Investitionen erfordern, gewährleistet:				

Nr.	WERte-Aspekte	ja	vielleicht	nein	undenkbar
7.	Verantwortung als Voraussetzung für effektiv zusammenarbeitende Teammitglieder wird von allen übernommen:				
8.	Zivilcourage, Konfliktfähigkeit und Toleranz sind Grundlage für den lösungsorientierten Umgang miteinander:				
9.	Körperliches, seelisches und geistiges Wohlergehen wird gefördert:				
10.	In meinem Unternehmen wird aktiv auf Motivation der Mitarbeiter geachtet:				
11.	Selbstreflexion, Verbindlichkeit und Bescheidenheit sind anerkannte Werte im Unternehmen:				
12.	Kompetenz und Verantwortung sind organisatorisch möglich:				
a:	Mehraugenprinzip:				
b:	Eindeutige Berichtswege und Firmenstruktur:				
c:	Klare Zuordnung von Mitarbeitern zu Vorgesetzten:				
d:	Offenheit nach innen und Umsicht nach außen:				
e:	Belohnungs- und Provisionssysteme beziehen sich auf langfristige Erfolgskriterien und sind so gestaltet, dass die Entscheidungsträger die Wirkung ihrer Entscheidungen auch erleben:				

Nr.	WERte-Aspekte	ja	vielleicht	nein	undenkbar
13.	Der Schutz des Unternehmens vor wirtschaftsschädigendem Verhalten ist gegeben: Einhaltung der Gesetze und Vorschriften, Bekämpfung von Untreue, Vorgehen gegen Korruption und gefälschte Abschlüsse ...				
14.	Der Schutz der Mitarbeiter und Führungskräfte ist gewährleistet: Sicherheit am Arbeitsplatz, Vermeidung von Diskriminierung und verantwortlicher Umgang mit Persönlichkeitsrechten und Datenschutz ...				
15.	Die gesellschaftliche Verantwortung wird wahrgenommen und gelebt: Bildungsförderung, Unterstützung von sozialen Einrichtungen in der Nähe, Förderprogramme ...				
16.	Leistungswerte wie Kompetenz, Einsatzfreude, Kreativität, Innovation, Verbesserung von Produkt- und Dienstleistungs-Qualität werden anerkannt und gefördert:				
17.	Kooperationswerte wie Loyalität, Teamgeist, Konfliktfähigkeit, Offenheit, Würde, Respekt ... sind elementare Bausteine der Firmenkultur:				
18.	Kommunikationswerte wie Zuhören, Achtung, Zugehörigkeit, Offenheit, Transparenz, Klarheit, Verständigung, Verbundenheit ... gehören zum Unternehmensalltag:				

Nr.	WERte-Aspekte	ja	vielleicht	nein	undenkbar
19.	Moralische Werte wie Integrität, Fairness, Ehrlichkeit, Vertragstreue, Courage, Verantwortung ... sind tief verankert:				
20.	Persönliche Werte wie Gesundheit, Wohlergehen, Familie, innere Stabilität, emotionale Verfassung, geistige Haltung ... werden berücksichtigt:				
21.	Jeder im Unternehmen ist engagiert, selbstdiszipliniert und sich seiner Verpflichtung und Verantwortung für sich selbst und für den anderen bewusst:				

20 Fragebogen zur Selbsteinschätzung

Dieser Fragebogen ist so gestaltet, dass Sie Fragen des WERtegleichgewichtes in Ihrer Person, in Ihrer Rolle als Führungskraft, im Team, in der Abteilung, in der Organisation und im Marktumfeld in aufeinander folgenden Fragefeldern bedenken und beantworten können.

Und nun noch einige weitere Empfehlungen zum angebotenen Selbsteinschätzungsfragebogen:

Damit Sie diesen Fragebogen zeitlich versetzt öfter verwenden können, mailt Ihnen der Deutsche Manager-Verband den „Fragebogen zur Selbsteinschätzung" gerne auf Anfrage als Datei zu. Wenden Sie sich hierzu bitte an WERteleitfaden@DMVeV.de.

Nach vier Wochen nehmen Sie eine weitere Selbsteinschätzungsrunde vor. Vergleichen Sie! Vielleicht erkennen Sie bereits Veränderungen in den von Ihnen beeinflussbaren Bereichen. In regelmäßigen Abständen durchgeführt dient Ihnen dieses Material zur Selbstklärung und Statusabfrage Ihres persönlichen WERtegleichgewichts.

Bei der Erstellung und Entwicklung des Fragebogens wurden verschiedene Methoden aus der Arbeits- und Organisationspsychologie angewandt. Näheres entnehmen Sie bitte dem Literatur- und Medienverzeichnis.

Das Autorenteam wünscht Ihnen nun gute Gedanken und Anregungen im Fragekomplex zur Selbsteinschätzung!

20.1 Teil I: Person, persönliche Werte und Wohlbefinden der Führungskraft

Datum: _____	Volles Ja	Ja, zum Teil	Vielleicht	Eher nicht	Überhaupt nicht
Sind Sie mit der aktuellen Situation in Ihrem Tätigkeitsbereich zufrieden?					
Fördert Ihr Arbeitsplatz Ihre gesundheitliche Situation auf seelischer Ebene?					
Fördert Ihr Arbeitsplatz Ihre körperliche Gesundheit?					
Ist Ihr Arbeitsplatz frei von starken mentalen Belastungen?					
Hatten Sie in den letzten 6 Jahren mit abnehmendem inneren oder äußeren Druck durch Ihre Tätigkeit zu tun?					
Hatten Sie in den letzten 2 Jahren mit abnehmendem inneren oder äußeren Druck durch Ihre Tätigkeit zu tun?					
Hatten Sie im letzten Jahr mit abnehmendem inneren oder äußeren Druck durch Ihre Tätigkeit zu tun?					
Hatten Sie in den letzten 6 Monaten mit abnehmendem inneren oder äußeren Druck durch Ihre Tätigkeit zu tun?					
Können Sie folgendem Satz zustimmen: „In meinem alltäglichen privaten Handeln und in meinem Handeln in der Arbeitswelt gibt es keine Unterschiede bei den WERTmaßstäben für Entscheidungen."?					

	Volles Ja	Ja, zum Teil	Vielleicht	Eher nicht	Überhaupt nicht
Können Sie folgendem Satz zustimmen: „Dies wirkt sich auf mein persönliches Wohlbefinden aus."?					
Konnten Sie in Ihrer Tätigkeit in den letzten 6 Monaten ohne kleine Schwindeleien, Tricks und Beschönigungen tätig sein?					
Gelingt es Ihnen, Fakten und Zahlen wahrheitsgetreu nach außen zu vertreten?					
Haben Sie in Ihrer privaten Welt einen Rückhalt durch Partner und Familie?					
Haben Sie in Ihrer privaten Situation einen Rückhalt durch einen soliden, WERtschätzenden Freundeskreis?					
Haben Sie in Ihrem privaten Lebensbereich einen Rückhalt durch die Ausübung von Hobbies, sozialen und kulturellen Aktivitäten?					
Können Sie folgender Aussage zustimmen: „Ich leide nie unter chronischen Erkrankungen oder Erschöpfungszuständen."?					
Können Sie folgender Aussage zustimmen: „Ich verwende Alkohol nie zum Abbau von Spannungen am Arbeitsplatz."?					
Können Sie folgender Aussage zustimmen: „Ich habe stets genügend Zeit, um gesund, maßvoll und ohne Hast zu essen."?					
Und was ist hiermit? „Ich habe täglich mindestens 30 Minuten oder wöchentlich 3 Stunden Zeit für Sport, Entspannung u.Ä."					

20.2 Teil II: Werte und Führungsverhalten

Datum: _____	Volles Ja	Ja, zum Teil	Vielleicht	Eher Nein	Überhaupt nicht
Haben Sie ein offenes und ehrliches Verhältnis zu Ihrer Führungskraft bzw. den Gremien, denen gegenüber Sie verantwortlich sind?					
Können Sie folgender Aussage zustimmen: „Mein Verhältnis zu den oben genannten ist spannungsfrei. Ich kann offen und ehrlich, ohne Beschönigungen mit ihnen sprechen."?					
Können Sie folgender Aussage zustimmen: „Ich habe ein offenes und ehrliches Verhältnis zu meinen Mitarbeitern bzw. den von mir geführten Menschen."?					
Können Sie folgender Aussage zustimmen: „Ich kann meinen Durchsetzungsanspruch zum mittel- und langfristigen Nutzen des Unternehmens zurücknehmen."?					
Gibt es oben genannte Haltung bereits seit längerem?					
Hat sich Ihr Führungsverhalten in den letzten 3 Jahren entscheidend geändert?					
Gelingt es Ihnen, in Konflikten Ihre Meinung frei zu äußern?					
Vermitteln Sie WERtmaßstäbe in Mitarbeitergesprächen und Besprechungen?					

	Volles Ja	Ja, zum Teil	Vielleicht	Eher Nein	Überhaupt nicht
Spielen für Sie WERtmaßstäbe und WERte, wie sie in diesem Buch vorgestellt werden, eine Rolle in Ihrem Führungsalltag?					

Wenn ja, welche?

Wenn nein, welche?

20.3 Teil III: Team und Abteilung

Datum: _____	Volles Ja	Ja, zum Teil	Vielleicht	Eher nein	Überhaupt nicht
Ist der Umgang in Team und Abteilung offen und ehrlich?					
Können Sie folgender Aussage zustimmen: „Es gibt kein Abteilungsdenken."?					
Können Sie folgender Aussage zustimmen: „Informationen werden ohne Zeitverzögerung und in vollem Umfang von der Abteilung / in der Abteilung weitergeleitet."					
Können Sie folgender Aussage zustimmen: „Vereinbarungen und Absprachen werden im Team eingehalten."?					
Können Sie folgender Aussage zustimmen: „Dies hat sich in wirtschaftlich angespannten Zeiten gegenüber ertragreicherer Zeit nicht verändert."?					
Können Sie folgender Aussage zustimmen: „Es gibt selten (in weniger als 3 Monaten) Positions- oder Mitarbeiterwechsel in Team oder Abteilung."?					
Können Sie folgender Aussage zustimmen: „Mobbing, Ausgrenzung und/oder Manipulation spielen keine Rolle."?					
Ist der Umgang mit den finanziellen und wirtschaftlichen Ressourcen innerhalb des Teams oder der Abteilung eindeutig und fair geregelt?					

	Volles Ja	Ja, zum Teil	Vielleicht	Eher nein	Überhaupt nicht
Gibt es bei Kündigungen so genannte Austrittsgespräche, um von Mitarbeitern Feedback über Führungsverhalten, informelle Team- und Abteilungsstrukturen, gelebte Unternehmenskultur usw. zu erhalten?					
Gibt es soziale, kulturelle oder sportliche Aktivitäten innerhalb des Teams oder der Abteilung?					
Wird in regelmäßigen oder unregelmäßigen Abständen Teamentwicklung oder Klärungshilfe bei Konflikten angeboten?					

Welche WERte finden Sie in ihrem Team, Ihrer Abteilung aus unserem Themenbereich repräsentiert?

Welche WERte sollten im Team oder in der Abteilung in Zukunft gefördert werden?

20.4 Teil IV: Unternehmen

Datum: _____	Volles Ja	Ja, zum Teil	Vielleicht	Eher nein	Überhaupt nicht
Werden in Ihrem Unternehmen wirtschaftliche Langfristentwicklungen beachtet?					
Gibt es ein Leitbild, das in die Alltagspraxis umgesetzt wird, bzw. in diese einfließt?					
Spielen WERte darin eine Rolle?					
Gibt es WERtvorstellungen im Umgang mit den umgebenden Faktoren (Kommune, Land, lokale Vereine, soziale Gefüge)?					
Gibt es WERtvorstellungen oder WERtanforderungen an Zulieferer?					
Können Sie folgender Aussage zustimmen: „In unserem Unternehmen gibt es keinen Druck durch kurzfristige wirtschaftliche Parameter (Aktienkurs, Quartalsumsätze, etc.)."?					
Können Sie folgender Aussage zustimmen: „In den letzten 12 Monaten gab es keine Verdichtung durch wirtschaftliche Parameter."?					
Können Sie folgender Aussage zustimmen: „Wirtschaftlicher Druck hat keine Auswirkungen auf die vertretenen und gelebten WERte des Unternehmens."?					

	Volles Ja	Ja, zum Teil	Vielleicht	Eher nein	Überhaupt nicht
Können Sie folgende Aussage bejahen: „Unser Unternehmen war in den letzten 12 Monaten nicht in kleinere oder größere „Skandale", „Krisen" oder „medienwirksame Ereignisse" verwickelt."?					
Können Sie folgender Aussage zustimmen: „Unser Unternehmen war in den letzten 5 Jahren nicht in kleinere oder größere „Skandale", „Krisen" oder „medienwirksame Ereignisse" verwickelt."?					
Können Sie folgender Aussage zustimmen: „In unserem Unternehmen gab es keine Fälle von Bestechlichkeit von Mitarbeitern in den letzten 2 Jahren."?					
Können Sie folgender Aussage zustimmen: „Es gab keine Fälle von Zahlungen indirekter oder direkter Art durch Ihr Unternehmen nach „außen", um Aufträge zu erlangen oder zu sichern."?					
Können Sie folgender Aussage zustimmen: „In unserem Unternehmen wird dies auch nicht geduldet."?					
Können Sie folgender Aussage zustimmen: „Verstöße hierzu werden sanktioniert."?					
Gibt es eine Vertrauenskultur?					
Sind die Mitarbeiter loyal gegenüber dem Unternehmen?					
Gibt es aktuell niedrige Krankenstände im Unternehmen?					

	Volles Ja	Ja, zum Teil	Vielleicht	Eher nein	Überhaupt nicht
Können Sie folgender Aussage zustimmen: „In unserem Unternehmen sind finanzielle Anreizsysteme solcher Art gestaltet, dass sie nicht missbraucht werden, werden können oder dazu einladen."?					
Können Sie folgender Aussage zustimmen: „In unserem Unternehmen gibt es keinen Diebstahl oder andere strafbare Handlungen durch Mitarbeiter."?					

20.5 Teil V: Marktumfeld und Unternehmen

Datum: _____	Volles Ja	Ja, zum Teil	Vielleicht	Eher nein	Überhaupt nicht
Ist ihr Unternehmen auf ein förderliches Bild in der Öffentlichkeit angewiesen?					
Können Sie folgender Aussage zustimmen: „Der zunehmende Wettbewerb (= Angst) hat in unserem Marktumfeld zur Vernachlässigung von WERteorientierung geführt."?					
Können Sie folgender Aussage zustimmen: „In unserem Markt sind wir vollkommen unabhängig von Börsen- und Anlegertrends. Dies beeinflusst das Marktgeschehen und unsere WERteorientierung im Marktumfeld nicht."?					

	Volles Ja	Ja, zum Teil	Vielleicht	Eher nein	Überhaupt nicht
Können Sie folgender Aussage zustimmen: „In unserem Marktumfeld gibt es keine oder selten verdeckte Absprachen unter Marktbeteiligten."?					
Können Sie folgender Aussage zustimmen: „In unserer Branche gibt es Erfahrungsaustausch oder Interessenbündelung auch unter Wettbewerbern."?					
Können Sie folgender Aussage zustimmen: „Medienthemen und so genannte „Hypes" beeinflussen weder unsere eigene Geschäftspolitik noch die unseres Marktumfeldes."?					

Welche persönlichen Erfahrungen auf die Auswirkung von WERteorientierung bei Ihnen persönlich, im Unternehmen und im Marktumfeld durch „Hypes" und Medienberichte konnten Sie in den letzten 4 Wochen feststellen?

Welche persönlichen Erfahrungen auf die Auswirkung von WERteorientierung bei Ihnen persönlich, im Unternehmen und im Marktumfeld durch „Hypes" und Medienberichte konnten Sie in den letzten 12 Monaten feststellen?

----

21 Vertrauen und Datenschutz

Wer „Vertrauen" als Führungsaufgabe begreift, wird unterscheiden wollen zwischen der persönlichen Ebene des Führenden und einer organisatorischen Betrachtungsweise im Unternehmen.

21.1 Persönliche Ebene des Führenden

Mitarbeiter brauchen Vertrauen plus Vertrauensvorschuss. Die Person des Mitarbeiters ist akzeptiert und somit kann sich die Kommunikation auf die Sachebene konzentrieren. Effektives Arbeiten ist so erst möglich. Angenommen, der Vorgesetzte begegnet seinen Mitarbeitern mit Misstrauen, so bedeutet dies, dass diese sich fragen könnten, ob der Chef Misstrauen gegenüber den Arbeitsergebnissen oder der Person hegt.

Die Effektivität des Mitarbeiters wird zwangsläufig sinken, so lange diese Frage nicht geklärt ist. Erkennt der Mitarbeiter, dass der Vorgesetzte ungerechtfertigterweise gegenüber seiner Person misstrauisch ist, so wird es wahrscheinlich, dass er mit Wut, Ablehnung und sogar Rachegefühlen reagiert. Konstruktives Verhalten wird unwahrscheinlich, der Mitarbeiter wird ebenfalls misstrauisch und beginnt, sich „abzusichern". Im Allgemeinen ist die Konsequenz die Trennung – genauso wie bei begründetem Misstrauen.

Egal, ob begründet oder nicht, Misstrauen wird in jedem Fall negative Folgen für die Arbeitsqualität des Unternehmens zeigen.

Im persönlichen Verhalten sollte demnach gegenseitiges (proaktives) Vertrauen herrschen und in dem Bewusstsein der herausragenden Bedeutung auch von allen Beteiligten gepflegt werden: Ehrliche Kommunikation und aktive Problemlösung – respektvoll und die Persönlichkeit der Beteiligten achtend.

21.2 Die organisatorische Ebene

Die organisatorischen Strukturen müssen mit den individuellen Bemühungen um Vertrauen im Gleichklang stehen, um glaubwürdig zu sein. Sind z.B. die Überwachungsstrukturen des Unternehmens zu ausgeprägt, laden sie die Mitarbeiter geradezu ein, Überlistungsmaßnahmen zu erfinden.

Ein Beispiel aus der Arbeitszeiterfassung: Ein Unternehmen hatte ein minutengenaues Zeiterfassungssystem installiert. Ein Mitarbeiter aus der Controllingabteilung hatte aus „Spaß" ausgerechnet, wie viel er zusätzlich verdient, wenn er vor Arbeitsschluss ausführlich die Toilette nutzt.

Ein Krankenhaus, das den Verdacht hatte, dass Mitarbeiter sich zu lange auf der Toilette „verdrückten", kam dagegen auf die Idee, die Mitarbeiter mit GPS-Positionserfassungsgeräten auszurüsten, um den Betrug beweisen zu können.

Ein anderes Unternehmen hingegen hatte die Zeiterfassung komplett abgeschafft und stellte dann fest, dass die Mitarbeiter sogar länger arbeiteten.

In vielen Unternehmen werden Mitarbeiterüberwachungssysteme eingeführt, wie z.B. E-Mail- und Internetnutzungskontrolle, Video- und Audioüberwachung, etc. Es wird sicherheitssensible Bereiche geben, die tatsächlich besondere Sicherheitsmaßnahmen erfordern. Es bleibt jedoch immer zu prüfen, ob die dafür notwendigen Investitionen wirklich einen Sicherheitsgewinn bringen oder im Endeffekt eher Misstrauen und Missbrauch erst erzeugen, nach dem Motto: „Die da oben misstrauen uns – dann zeigen wir es denen mal so richtig". Misstrauen gegenüber den Mitarbeitern generell erzeugt eher Illoyalität und Kontraproduktivität als Sicherheit.

Wie bei allen Haltungen, die von den Mitarbeitern gewünscht werden, muss die Führung auch hier mit gutem Beispiel vorangehen. Das heißt, wenn die Mitarbeiter auf die sensiblen Unternehmensdaten achten sollen, muss umgekehrt das Unternehmen sensible, persönliche Daten der Mitarbeiter und ihre Bedürfnisse nach Intimsphäre achten. Der Schutz der persönlichen Daten des Mitarbeiters muss den gleichen Rang haben wie der Schutz der Unternehmensdaten. Zu diesem Datenschutz gehört das rechte Maß: Nicht alles muss überwacht und gesichert werden. Gerade bei engagierten Mitarbeitern sind Freiräume eminent wichtig – für Kreativität und für Zufriedenheit.

Hier erscheint ein vermeintlicher Zielkonflikt: Einerseits werden richtigerweise enorme Anstrengungen zur kontinuierlichen Verbesserung aller Bereiche unternommen, die eine vollständige Prozesskontrolle erfordern. Wieso sollten dann die Mitarbeiter von dieser Kontrolle ausgenommen werden? Auflösung des Konfliktes: Ja, so sollte es sein. Prozessverbesserungen sollten anhand von Zielgrößen verfolgt werden – wie der Mitarbeiter dies erreicht, liegt in seinem Ermessens- und Freiheitsraum. Prozesskontrolle anstelle von Mitarbeiterüberwachung!

21.3 Fazit

Im Gegensatz zu einer reinen Überwachungskultur ist es sinnvoll, eine Vertrauenskultur auf persönlicher wie struktureller Ebene zu schaffen, Sicherheitsmaßnahmen zurückhaltend und angemessen einzusetzen und die Selbstverantwortung jedes Mitarbeiters für sensible Daten zu stärken und zu honorieren.

22 Firmen-Statements

Am Anfang der Zusammenarbeit im Autorenteam stand die Idee, mit möglichst vielen Führungskräften und Unternehmern die Inhalte der einzelnen Kapitel zu diskutieren. WERtewirklichkeit und Unternehmenswirklichkeit wurden somit über einen längeren Zeitraum kontinuierlich von Dritten bewertet.

Die verschiedenen Methoden im Buch, wie

- Definitionen
- Reflexion
- 2∗7 „Eiserne Empfehlungen"
- Fallbeispiele
- Roundtable Dialog
- Checklisten
- Selbsteinschätzungsfragebogen
- Interviews

schließen nun mit der Außenperspektive und ersten Rückmeldungen aus dem Bereich der Wirtschaft ab. Diese Statements finden sich auf den Folgeseiten und sind eine Einladung an Sie, ebenfalls in einen ständigen Lerndialog einzutreten mit:

- den Mitarbeitern des eigenen Unternehmens
- dem Autorenteam
- dem Deutschen Manager-Verband.

„Nichts Menschliches ist mir fremd" Goethe

22.1 Statement von Dreimalig Werbeagentur

DREIMALIG WERBEAGENTUR

LERCH · PIEK · STABEL GbR

HOSTERSTR. 4

50825 KÖLN

FON 0221 . 559 50 62

FAX 0221 . 559 50 63

MAIL INFO@DREIMALIG.DE

WEB WWW.DREIMALIG.DE

DREIMALIG WERBEAGENTUR

BEZUG ZU KAPITEL NR. 6 TUGENDEN UND **WER**TE

Handle nur nach derjenigen Maxime, durch die du zugleich wollen kannst,
dass sie ein allgemeines Gesetz werde. [Immanuel Kant]

Nicht, wie gemeinhin oft angenommen, geht es beim kategorischen Imperativ darum, dass man nur so handeln solle, wie man es auch von anderen Menschen im Umgang mit der eigenen Person erwartet – vielmehr soll das eigene Handeln einem Naturgesetz entsprechen, also Allgemeingültigkeit haben. Das setzt voraus, dass man sich seines Handelns und Umgangs mit anderen nicht nur bewusst ist, sondern auch im fortschrittlichen Sinne aller handelt.
Über die fachliche Beratung und Betreuung hinaus, die dem Kunden lediglich zeigt, dass er in kompetenten Händen ist, schließen wir den Kreis der „Allround-Dienstleistung" mit dem berühmten WIE??? WIE zeigen wir dem Kunden, dass er sich in guten Händen befindet?
Durch die positive Einstellung den Menschen gegenüber und deren sowohl „menschlichen" als auch „werblichen" Bedürfnissen, haben wir eine bisher werbeuntypische Vision – Kommunikation ist nicht nur das bessere Verständnis von Mensch zu Mensch, wie einst Ernst Bloch feststellte, Kommunikation bedeutet für unsere Agentur: „Das Vorleben von freundlicher, höflicher, verbindlicher und menschlicher Lebensphilosophie, die für eine kompetente Abwicklung der kreativen Arbeit enorm wichtig ist."
Mit viel EQ (der Emotionale Quotient bezeichnet den Vorsprung, den man durch zwischenmenschliche Kontakte und die daraus resultierende Kommunikation sowohl im wirtschaftlichen als auch im persönlichen Bereich erreichen kann) tun wir unser Möglichstes, um Wahrhaftigkeit, Gerechtigkeit, Loyalität, Berechenbarkeit, Vertrauen, langfristige Orientierung, Übernahme von Verantwortung, Zivilcourage, Konfliktfähigkeit und Toleranz walten zu lassen. Zusammenarbeit nennen wir das. Und Spaß macht es auch noch.

22.2 Statement von The Right Way GmbH

THE RIGHT WAY MANAGEMENT SERVICES	The Right Way GmbH Betriebsstätte Ortenberg Wilhelm-Leuschner-Strasse 36. 63683 Ortenberg / Hessen Tel: 06046 954 520 Fax: 06046 954 523 web: www.the-right-way.net
Peter H. Buchenau **Geschäftsführer**	**Kontakt:** E-Mail: buchenau@the-right-way.net

Bezug zum Kapitel 10: „2∗7 Eisernen Empfehlungen"

„At the end of a line,
there are always standing people, who make things work."

Dieser Spruch, mir mitgeteilt durch den vielleicht besten meiner Vorgesetzten, war die WERte-Grundlage bei unserer Firmengründung. Die 2∗7 Eisernen Empfehlungen spiegeln sich in allen Punkten daher in unserer Firmenphilosophie wieder, egal ob man diese wirtschaftlich, rechtlich, ethisch oder privat betrachtet. Der Mensch ist heute das wichtigste Kapital und – er wird es künftig weiter bleiben.

TheRightWay unterstützt Unternehmen und einzelne Personen, unabhängig von festen Vertragsbindungen, bestehende Probleme in den Bereichen Informationstechnologie, Kommunikation, Steuer- und Arbeitsrecht schnell, unauffällig und kostengünstig zu beseitigen. Unser Ziel ist es, Mitarbeiter nach Maß zur Verfügung zu stellen. Somit haben wir die Möglichkeit, den Kunden-Wünschen und -Bedürfnissen in allen Bereichen zu entsprechen. Vorteile durch unseren Einsatz sind: Produktivitätssteigerung, größere Flexibilität bei Geschäfts- und Kundenanforderungen, kostengünstige Problemlösungen, messbare Ergebnisse und planbare reduzierte Kosten.

22.3 Statement von UMBREIT ASSOCIATES

UMBREIT
ASSOCIATES

Training ▲ Coaching ▲ Prozessbegleitung

Große Horststr. 1   Postfach 17
67122 Altrip   67118 Altrip
Tel: +49 - (0)1 77 - 8 62 73 48
Fax: +49 - (0)70 00 - 8 62 73 48
web: www.umbreit.biz

Kai Umbreit
Inhaber

Kontakt
E-Mail: kai.umbreit@umbreit.biz

Nach einer Ausbildung zum Bankkaufmann absolvierte Kai Umbreit ein Studium der Betriebswirtschaftslehre an der Universität Mannheim mit den Schwerpunkten Organisation, Arbeits- und Organisationspsychologie sowie Internationales Management. Nach dem Studium begann er seine Laufbahn bei einer der weltweit führenden Unternehmensberatungen. Hier erlebte er die Inhalte der Kapitel 4 und 5 unmittelbar. Als Manager war er über 3 Jahre in den Bereichen Human Performance und Change Management tätig. Begleitend durchlief er eine 7-jährige Ausbildung in humanistischer Psychologie und bildete sich u.a. am Templeton College, Oxford, GB, in Unternehmenskulturentwicklung weiter.

Nach über sieben Jahren machte er sich 2003 selbstständig und gründete UMBREIT ASSOCIATES, ein Netzwerk selbstständiger Trainer und Coachs, mit den Geschäftsbereichen Training, Coaching und Prozessbegleitung. Einer seiner ersten Schritte war es, sich über die Werte, die seiner Arbeit zugrunde liegen, klar zu werden und diese als Handlungsmaxime zu manifestieren, wie hier in den Kapiteln 6–8 vorgestellt. Er ist Mitglied diverser Berufsverbände, u.a. im Deutschen Managerverband e.V. (DMV) sowie im Forum für Werteorientierung in der Weiterbildung, und hält einen Lehrauftrag der Universität Mannheim.

UMBREIT ASSOCIATES bietet neben dem persönlichen Coaching für Fach- und Führungskräfte sowie für Unternehmer und Selbstständige auch Programme zur Führungskräfteentwicklung an (siehe auch Kapitel 16):
- Die ersten 100 Tage als Führungskraft – Techniken und Werte für Führungskräfte
- Manager der Zukunft – Rollen als Führungskraft meistern und wertebasiert Führen
- Von der Führungskraft zur Führungspersönlichkeit – Führen aus der Persönlichkeit heraus.

Die Intensiv-Ausbildung zum Professional Business Coach richtet sich an PE-/OE-Verantwortliche, Manager, Führungskräfte und die, die es werden wollen, sowie Unternehmer und Selbstständige, die Personen, Teams und Unternehmen durch Veränderungsprozesse begleiten (hier Kapitel 4–8, 10–16).

Für den Bereich Prozessbegleitung entwickelte Kai Umbreit werteorientierte Ansätze, z.B. die Visionsfindung und das Entwickeln von Führungsgrundsätzen durch Value-Based-Visioning (siehe hier Kapitel 8).

22.4 Statement von Dynevo GmbH

Dynevo GmbH
Ein Unternehmen der
Bayer Business Services
Chemiepark Leverkusen, Gebäude K17
51368 Leverkusen

Tel: 0214/30-33336
Fax: 0214/30-62317
web: www.dynevo.de

Ralf Schneider
Geschäftsführer

Kontakt: 0214/30-72985
E-Mail: ralf.schneider.rs1@dynevo.de

Bezug zu Kapitel 8, „Unternehmensgrundsätze, -kultur und -organisation": Mit der schriftlichen Fixierung des Leitbildes der Dynevo leisten wir einen wesentlichen Beitrag zu Offenlegung unserer Werte. Werte, die der Garant für eine erfolgreiche Zukunft der Dynevo sind. So fördert unser Leitbild die Identifikation der Belegschaft mit dem Unternehmen. Zugleich verleiht es uns ein Profil, mit dem wir uns deutlich von unseren Mitbewerbern abheben. Dadurch gibt das Leitbild sowohl uns als auch unseren Stakeholdern eine wichtige Orientierung im täglichen Handeln. Wir freuen uns, damit einen positiven Beitrag zu einer stärkeren Werteausrichtung in unserer Gesellschaft leisten zu können und unterstützen das Anliegen dieses Buches daher sehr gerne.

Dynevo – die ganze Welt der Medienkommunikation

Die Dynevo ist der Mediendienstleister im Verbund der Bayer Business Services. Wir bieten unseren Kunden innovative Druckleistungen, intelligente Dokumentenverarbeitung für komplexe Personal-, Finanz- und Verwaltungsprozesse sowie integrierte Unternehmens- und Produktkommunikation. Von der Beratung über die Konzeption und Kreation bis hin zur Umsetzung und Realisierung.

23 Autoren und Mitwirkende

Der Deutsche Manager-Verband engagiert sich in den folgenden vier Bereichen:

1. Qualitativer Know-how-Transfer
2. Geschützter Erfahrungsaustausch
3. Business Networking
4. Verbesserung des Managerbildes in der Öffentlichkeit

Der Deutsche Manager-Verband ist also auch ein Forum, um die Wahrnehmung des Managers in der Öffentlichkeit positiv zu beeinflussen und seiner gesellschaftlichen Verantwortung gerecht zu werden.

Im Rahmen eines DMV-ManagerEvents im Januar 2003 diskutierte Dr. Jürgen Brachetti die Frage nach der gesellschaftlichen Einbindung von Managern unter dem Thema: „Manager und Deutschland".

Damals ergaben sich drei Botschaften:

1. Unser Land, so wie jeder für sich selbst, muss eine Vision von Zukunft haben!
2. Wir alle brauchen Identität als Person und als Teil der Gesellschaft.
3. Handeln muss mit WERten hinterlegt sein, um tragfähig zu sein.

Der Vorstand erkannte aus den lebhaften Reaktionen einen aktuellen Handlungsbedarf zum Thema WERte, bestätigt durch die stetig zunehmende Diskussion in der Öffentlichkeit.

Hieraus ergab sich eine Arbeitsgruppe mit dem Ziel, für die DMV-Mitglieder einen Kodex zu erarbeiten, der im Tagesgeschäft unterstützend wirken soll. Erste produzierte Ergebnisse führten zu der Idee eines Buches, um die Inhalte einer größeren Öffentlichkeit zugänglich zu machen.

In zwei Jahren entstand so dieses Werk. Auf der Folgeseite sei zunächst all denen gedankt, die mit ihrer aktiven Unterstützung den WERtigen Gehalt des Buches und die öffentliche Platzierung förder(te)n:

Redaktionsphase

- Klaus Dannenberg: Forum Werteorientierung in der Weiterbildung e.V. (FWW), aus Wedemark: Impulsgeber!
- Manfred Maus: OBI, Interviewpartner
- Wolfgang Thiele: GRID International Deutschland, Interviewpartner
- Fred Hürst: Hyatt-Hotels, Interviewpartner
- Prof. Dr. Norbert Walter: Deutsche Bank Research, Interviewpartner

Design- und Gestaltungsphase

- Werbeagentur Dreimalig: Grafikgestaltung, Köln
- Dr. Bernd Knappmann: Lektor vdf Hochschulverlag

Rechtliche Beratung

- Martin Daams: Rechtsanwaltskanzlei Helmut Völlings Martin Daams, Köln

Öffentlichkeitsarbeit

- Olaf Jastrob: management & marketing, Elsdorf (Rheinland)
- Ulrike Borchert: Borchert & Schrader Public Relations GmbH, Köln
- Renate Schmidt: Public Cologne, Journalistische Betreuung aus Köln
- Ehrenamtlich engagierte Fachjournalisten, Pressesprecher und Mitarbeiter/Innen in diversen Redaktionen

Auch herzlichen Dank all denen, die dem Autorenteam im Laufe des Buchprojektes mit Rat und Tat, mit Kritik und Ideen ergänzend zur Seite standen! Und nun zur Antwort: Wer im Einzelnen sind die Autoren?

23.1   Dr. Jürgen Brachetti

Jürgen Brachetti beschäftigt sich als Unternehmer mit dem Know-how-Transfer der Automobilindustrie in die Bauwirtschaft – im Besonderen mit dem optimierten Wohnungsbau.

Dr. Jürgen Brachetti

Kontakt:
Jürgen.Brachetti@DMVeV.de

Nach seiner Promotion zum Dr.-Ing. arbeitete J. Brachetti viele Jahre in der Automobilzulieferindustrie, mit Schwerpunkt Europa und Nordamerika. In dieser Zeit erlebte er die Umbrüche in der Branche bzgl. Kosten- und Qualitätsmanagement.

Durch seine Erfahrungen auf internationaler Ebene sowie in verschiedenen Unternehmen lernte er die herausragende Bedeutung von Kultur WERtschätzen – Kultur hier ebenso im Sinne von Firmenkultur wie auch von nationalen Eigenarten. Er sah, wie unterschiedliche WERtesysteme verschiedene Erfolgschancen nach sich ziehen und erfuhr, dass WERte zu den zentralen Erfolgsfaktoren gehören.
In den Zeiten des enormen Kostendruckes stellte sich die Frage, wo die Grenzen des richtigen Verhaltens zu ziehen sind, beispielsweise bei der Gewinnung eines Auftrages oder bei der angemessenen Offenheit bei Problemen. Die Suche nach Antworten führte zu der Beschäftigung mit WERten und zu der Erfahrung, dass die meisten Menschen sehr wohl mehr oder weniger den gleichen WERten zustimmen, die Schlussfolgerungen für das eigene Verhalten jedoch unterschiedlich ausfallen können. Dies war ein Motiv, für dieses Buch eine Hilfestellung zu bieten, – ein besseres Auskommen im Miteinander zu erleichtern.

23.2 Marie-Luise Jansen

Geschäftsführende Gesellschafterin der koan-solution GmbH in Köln mit dem SAP-Schwerpunkt Dokumentendienste und Outputmanagementlösungen:
www.koan-solution.de
Inhaberin der ax consult, Overath. Ziel der Prozessberatung und des Changemanagements im IT-Bereich für Mitarbeiter und Führungskräfte ist der Aufbau von langfristigem und WERteorientiertem Handeln. www.ax-consult.de

Marie-Luise Jansen

Kontakt:
Marie-Luise.Jansen@DMVeV.de

Vertrauen, Langfristigkeit, Zuverlässigkeit, Offenheit und Handeln zum Wohle aller sind grundlegende Prinzipien im Leben von Marie-Luise Jansen. Nach ihrem pädagogischen Studium führte sie der berufliche Werdegang in die freie Wirtschaft.

In ihrer jetzt mehr als 16-jährigen Selbstständigkeit hat Marie-Luise Jansen die vielfältigen Strukturen, die Sicht- und Arbeitsweise und die Anforderungen der freien Wirtschaft im Mittelstand und in der Großindustrie erlebt, kennen gelernt und beeinflusst.

Heute ist Marie-Luise Jansen geschäftsführende Gesellschafterin der koan-solution GmbH und betreut im Unternehmen den Bereich Vertrieb und Marketing.

Darüber hinaus ist sie Inhaberin der ax_consult, einem Beratungsunternehmen, das WERtevorstellungen und WERtegestaltungen in die Geschäftsführung von Industrie und Mittelstand trägt: Change Management und Prozessberatung in der Kombination mit wirtschaftlichem Erfolg durch gezielte und fundierte WERteorientierung.

23.3 Eberhard Morawa

Unternehmensberater im Bereich Change Management, Human Resources und Strategieentwicklung
www.syflow.de

Koordinator verschiedener Arbeitskreise zum Thema WERtemanagement
www.compassionate-economy.de

Mitglied im EBEN, in der ICF und im Deutschen Manager-Verband. e.V.
www.DMVeV.de

Eberhard Morawa

Kontakt:
Eberhard.Morawa@DMVeV.de

Die Dynamik von Märkten und Unternehmen und ihre und die Rolle des Menschen darin faszinierten den zweifachen Familienvater schon in seiner Schulzeit am Wirtschaftsgymnasium. Durch mehrere erfolgreiche Gründungen und fast zwanzigjährige Führung von Wirtschaftsbetrieben in den Bereichen Gesundheit, Medien und Handel hat er sich ein hohes Maß an betrieblicher Praxis erworben und parallel durch betriebswirtschaftliche und organisationspsychologische Ausbildungen zu seiner aktuellen Arbeitsform verdichtet.

Die Beschäftigung mit den Strategem-Modellen des chinesischen Altertums und den Modellen der Systemdynamik, die am MIT unterrichtet werden, veränderte seine Beratungsansätze in Richtung Langfristorientierung und Erfolg. Die zusätzliche langjährige Tätigkeit als Referent in der Erwachsenenbildung sorgt für seine Praxisnähe in der Analyse und Gestaltung von Veränderungsprozessen für Organisationen und Führungskräften. Er ist Fachautor in verschiedenen Printmedien und Internetpublikationen und Koordinator nationaler und internationaler Netzwerke zu den Themen „Ethics in Business", „Sustainability" und „Fraud & Value". Er entwickelt und trainiert ethik- und erfolgsorientierte Handlungsmodelle im Bereich Führung und Beratung.

23.4 Rainer Willmanns

Unternehmensberater für erfolgreiches Kunden-Kontakt-Management
www.Willmanns.de

Inhaber der Highway-EDV
Der Adress PLUS Spezialist
www.Adress-PLUS.de

Vorstandsvorsitzender
Deutscher Manager-Verband. e.V.
www.DMVeV.de

Rainer Willmanns
Unternehmensberater

Kontakt:
Rainer.Willmanns@DMVeV.de

Verlässlichkeit, Seriosität und Innovation sind dem verheirateten Familienvater dreier Kinder zentrale Anliegen. Bereits im Elternhaus ist ihm diese Ausrichtung grundgelegt. Die Ausbildung in Paderborn zum Dipl.-Rel.-Pädagogen und Gemeindereferenten hat der tiefenpsychologische Ansatz von Prof. Dr. Eugen Drewermann maßgeblich und positiv beeinflusst. Zu verstehen, was Menschen eigentlich (an-) treibt und wonach sich Menschen auch im Geschäftsleben ureigentlich sehnen, ist bis heute Grundlage seiner Arbeit und seines beruflichen Erfolges als Unternehmensberater. Ausbildungen zum EDV-Datenbankorganisator (IBM), EDV-Fachmann (Wirtschaft) und zum Betriebswirt (IHK) begründen faktisch seine beratende Kompetenzabdeckung. Das hierdurch erreichte Wissen zur Ablauf- und Aufbauorganisation im Bereich von Wirtschaft, IT- und Human Resources lassen ihn abteilungsübergreifende Zusammenhänge punktgenau erfassen. Sein pädagogischer Background befähigt ihn, selbst komplexe Zusammenhänge verständlich und einprägsam zu präsentieren und Change-Prozesse ebenso sensibel wie zielgerichtet zu begleiten. Durch die Aufnahme bei Speakers Excellence gehört Rainer Willmanns zu den TOP-100-Rednern in D, A, CH. Er ist Autor mehrerer Bücher und einer Vielzahl redaktioneller Beiträge und leitet als Vorstandsvorsitzender den Deutschen Manager-Verband.

23.5 Marco Witzel

Stellvertretender Niederlassungsleiter bei Gries & Heissel Bankiers AG in Düsseldorf.

Das Bankhaus steht anspruchsvollen vermögenden Privat-Kunden als Berater auf allen Gebieten der Vermögensanlage zur Verfügung

www.guh.de

Marco Witzel
Vermögensberater

Kontakt:
Marco.Witzel@DMVeV.de

Werte schaffen durch vertrauensvolles Arbeiten am Kunden ist die tägliche Motivation für Marco Witzel in einem sich fast ausschließlich gewinnorientiert entwickelnden Bankenmarkt. Der verheiratete Familienvater dreier Kinder hat im Rahmen einer Bankausbildung erste Schritte in die Finanzwelt unternommen. Dabei hat er die Schnelligkeit der Finanzmärkte kennen und das Gespräch mit Privatkunden schätzen gelernt. Nach praktischer Tätigkeit für eine große regionale Sparkasse entschied er sich für ein Studium der Betriebswirtschaftslehre. Besonders in dieser Phase waren Teamgeist und Teamfähigkeit unabdingbare Voraussetzungen für einen erfolgreichen Abschluss. Seine erste berufliche Station führte Marco Witzel zu einer renommierten Privatbank, wo traditionelle Werte den Kunden gegenüber gepflegt wurden. In leitender Position waren Vertrauen, Offenheit und Zuverlässigkeit feste Prinzipien in seinem täglichen Handeln. Auf dieser Basis konnte sein Team eine krisenbehaftete Situation im Unternehmen geschlossen meistern. Heute ist Marco Witzel als Vermögensberater für Gries & Heissel Bankiers AG tätig. Trotz verändertem Umfeld ist er seinen grundlegenden Handlungsprinzipien treu geblieben und ein geschätzter Partner, wenn es um vertrauensvolle und kompetente Gespräche zu komplexen Vermögensfragen geht.

24 Literaturhinweis

André Habisch (Hrsg.): Familienorientierte Unternehmensstrategie. Beiträge zu einem zukunftsorientierten Programm. Verlag Hampp, München u. Mering 1995

Andreas Georg Scherer, Gerhard Hütter, Lothar Maßmann (Hrsg.): Ethik für den Kapitalmarkt? Orientierungen zwischen Regulierung und Laisser-faire, Verlag Hampp, München u. Mering 2003

Brodbeck, Karl-Heinz Prof. Dr.: Buddhistische Wirtschaftsethik, Verlag: SHAKER Fachverlag, Aachen 2002

Daniel Dietzfelbinger, Ralph Thurm (Hrsg.): Nachhaltige Entwicklung: Grundlage einer neuen Wirtschaftsethik, Verlag Hampp, München u. Mering 2004

Dietzfelbinger, Daniel: Aller Anfang ist leicht. Einführung in die Grundfragen der Unternehmens- und Wirtschaftsethik, 3. Aufl. Herbert Utz Verlag, München 2002.

Enderle, Georges; Paul Haupt: Handlungsorientierte Wirtschaftsethik. Grundlagen und Anwendungen (St. Galler Beiträge zur Wirtschaftsethik, Bd. 8), IWE Universität St. Gallen, Bern/Stuttgart/Wien 1993

Furger, Franz: Moral oder Kapital? Grundlagen der Wirtschaftsethik, Zürich/Mödling 1992

Glassmann, Bernard: Instruction to the cook, New York 1996

Sander Tideman: The Dalai Lama – Compassion or Competition: Human Values in Business and Economics, Progressio-Verlag, Rotterdam 2002

Heiner Alwart (Hrsg.): Verantwortung und Steuerung von Unternehmen in der Marktwirtschaft, Verlag Hampp, München u. Mering 1998

Hendricks Gay, Ludeman Kate: The Corporate Mystic, New York 1997

Hengsbach, Friedhelm: Wirtschaftsethik. Aufbruch, Konflikte, Perspektiven, Freiburg/Basel/Wien 1991

Hock, Dee; Birth of the Chaordic Age, VISA Copyrighted Material, San Francisco 1999

Homann, Karl / Blome-Drees, Franz: Wirtschafts- und Unternehmensethik, UTB für Wissenschaft, Vandenhoeck, Göttingen 1992

Jecklin, Hans, Köhler Martina: Wirtschaft wozu? Editions Spuren, Winterthur 2003

Kirchgässner, Gebhard: Homo oeconomicus. Das ökonomische Modell individuellen Verhaltens und seine Anwendung in den Wirtschafts- und Sozialwissenschaften (Die Einheit der Gesellschaftswissenschaften, Bd. 74), Tübingen 1991

Korff, Wilhelm u.a. (Hrsg. im Auftrag der Görres-Gesellschaft): Handbuch der Wirtschaftsethik, 4 Bde., Gütersloher Verlagshaus, Gütersloh 1999

Koslowski, Peter: Prinzipien der Ethischen Ökonomie. Grundlegung der Wirtschaftsethik und der auf die Ökonomie bezogenen Ethik, Tübingen 1988

Kreikebaum, Hartmut: Grundlagen der Unternehmensethik, Uni-Taschenbücher GmbH, Stuttgart 1996

Kurbjuweit, Dirk: Unser effizientes Leben, Rowohlt-Verlag, Berlin 2003

Lohmann, Karl Reinhard / Priddat, Birger P. (Hrsg.): Ökonomie und Moral. Beiträge zur Theorie ökonomischer Rationalität, Scientia Nova, Oldenbourg, München 1997

Löhr, Albert: Unternehmensethik und Betriebswirtschaftslehre. Untersuchungen zur theoretischen Stützung der Unternehmenspraxis, Stuttgart 1991

Marvin T. Brown: Der ethische Prozess, Strategien für gute Entscheidungen. Verlag Hampp, München u. Mering 1996

Michael Behrent, Josef Wieland (Hrsg.): Corporate Citizenship und strategische Unternehmenskommunikation in der Praxis, Verlag Hampp, München u. Mering 2003

Mitroff, Ian / Denton, Elizabeth: A Spiritual Audit of corporate America, A Warren Bennis Book, San Francisco 1999

Mitroff, Ian I. / Bennis, Warren G.: The Unreality Industry: The Deliberate Manufacturing of Falsehood and What It is Doing to Our Lives, A Warren Bennis Book, New York 1993

Mitroff, Ian: Why some companies emerge stronger and better from a crisis, A Warren Bennis Book, New York 2005

Müller, Mokka: Das vierte Feld, ECON Köln 2001

Noll, Bernd: Wirtschafts- und Unternehmensethik in der Marktwirtschaft, Stuttgart 2002.

Osterloh, Margit/Tiemann, Regine: Konzepte der Wirtschafts- und Unternehmensethik – Ein Überblick, in: Hoff, Ernst H./Lappe, Lothar (Hrsg.): Verantwortung im Arbeitsleben, Heidelberg 1995, 193–211

Papst Johannes Paul XXIII Enzyklika „Veritatis splendor" (Der Glanz der Wahrheit), Sekretariat der Deutschen Bischofskonferenz, Bonn 1993

Tiemann, Regine: Ethische Branchenstandards. Ein Lösungsweg für Unternehmen aus moralischen Dilemmata, Verlag Hampp, München u. Mering 1999

Rich, Arthur: Wirtschaftsethik, 2 Bde., Bd. 1: Grundlagen in theologischer Perspektive, Gütersloh 1984, 4. Aufl. 1991, Bd. 2: Marktwirtschaft, Planwirtschaft, Weltwirtschaft aus sozialethischer Sicht, Gütersloh 1990, 2. Aufl. 1992

Roach, Michael: Weisheit des Diamanten, DTV, München 2003

Scherer, Andreas Georg: Multinationale Unternehmen und Globalisierung. Zur Neuorientierung der Theorie der Multinationalen Unternehmung (Ethische Ökonomie. Beiträge zur Wirtschaftsethik und Wirtschaftskultur, Band 9), Physica, Heidelberg, 2003

Schriftenreihe des DNWE (Deutsches Netzwerk Wirtschafts-Ethik), Rainer Hampp Verlag, München und Mering, 1999

Schröder, Winfried: Moralischer Nihilismus, Frommann-Holzboog Verlag, Stuttgart, 2002

Senger, Harro v.: Strategeme, Scherz Verlag, 12. Auflage, Bern, München, Wien, 2003

Smith, Adam: An Inquiry into the Nature and Causes of the Wealth of Nations, London, 1776

Spaemann, Robert: Grenzen, Klett-Cotta-Verlag, Stuttgart 2001

Steinmann, Horst / Löhr, Albert: Grundlagen der Unternehmensethik, Stuttgart 1992, 2. Aufl. 1994

Ulrich, Peter: Integrative Wirtschaftsethik. Grundlagen einer lebensdienlichen Ökonomie, Verlag Haupt, Bern/Stuttgart/Wien 1997, 2. Aufl. 1998

Vaill, Peter B.: Spirited Leading and Learning, Jossey-Bass, San Francisco 1998

Whiteley, Richard: Der Business Schamane, Ariston Verlag, 02.2002

Wieland, Josef: Die Ethik der Governance, Metropolis-Verlag, Marburg 1999

Zohar, Danah: Am Rande des Chaos, Midas Verlag, Zürich/ St. Gallen 2000

25 Links im Web

Centre for Applied Ethics der University of British Columbia:
www.ethics.ubc.ca/resources/business/

Deutscher Manager-Verband e.V.:
www.DMVeV.de

EBEN-UK:
www.ebenuk.org

Ethics Officer Association (EOA):
www.eoa.org

European Business Ethics Network:
www.eben-net.org

Forum Philosophie & Wirtschaft e.V., Mainz:
www.philosophie.uni-mainz.de/philosophie&wirtschaft

Fraud Management (Betrugsverhinderungsmanagement):
www.acfe.com/fraud/fraud.asp

Institut für Wirtschaftsethik an der Universität St. Gallen:
www.iwe.unisg.ch

International Society of Business, Economics and Ethics:
www.synethos.org/isbee

Online Ethics Center for engineering and Science:
onlineethics.org/

Transparency International. Deutsches Chapter e.V.:
www.transparency.de

Wirtschaftsethik in Deutschland:
www.dnwe.de

Wirtschaftsgilde e.V.:
www.wirtschaftsgilde.de

Zahlreiche weitere Links finden Sie auf dem Deutschen Server Wirtschaftsethik:
dsw.uni-marburg.de

26 Index

10-minütige Übung 57
2*7 eiserne Empfehlungen 29
4-Augen-Prinzip → s. Mehraugenprinzip 48
9,9-Führungsstil .... 78f.

Adam Smith 63
Al Capone 87
Antizyklisches Denken 38

Bananenrepubliken 52
Belohnungssysteme 27
Benchmarking 100
Berliner Mauer 90
Burn-out 40, 66

Corporate Governance Kodex 5

Dalai Lama 30
Datenschutz 125
Der gute Zweck heiligt nicht das schlechte Mittel 20
Deutschen Bank Research 83
Deutscher Manager-Verband: Ziele 132
Developed in Germany 28
Donald Trump 18
Dreimalig Werbeagentur 127
Dynevo GmbH, Ralf Schneider 130

Ehrbarer Kaufmann 18
Eindimensionale Erfolgsbeurteilungskriterien 26
Export-Weltmeister 28

Familiendynastie 55
Fred Hürst 80
Frühwarnsysteme 91

Gesundheit, körperliche und seelische 23
Gewinnerwartungsdruck durch Shareholder 37

Goethe 126
GPS-Positionserfassungsgeräte 124
Grid International Deutschland 75

Haltung 5
Handeln 5
Heuschrecken 88
Heuschreckenplage 61
Homo oeconomicus (H.O.) 18
Hyatt International Hotels 80

Insolvenzrisiko 55
Internetnutzungskontrolle 124
„Ist-doch-nicht-so-schlimm"-Ethik 39

Jour Fixe 48

Kapitalismus/Globalisierung 15
Karrieredruck 40
Karrieremanager 89
Karrierezyklus des Managers 25
Kath. Morallehre 87
Kennzeichen des Managers 17
Klaus Dannenberg 133
Klüngelei 71
Koordinatensystem, persönliches 17, 23
Kostensenkungsprogramm 42
Kreislaufphänomene 59
Krisenkompetenz 91
Krisenmanager 60
Kundenzentrierte Sicht 39

Lernzirkel 72
Liquiditätsanspannung 55
Loyalität 95

Made in Germany 28
Management by walking around 45
Managementfehler 94

Manufactured in Germany 28
Maßhalten und Ausgewogenheit 25
Mehraugenprinzip → s. 4-Augen-Prinzip 26, 109
Menschenbild 18
Methoden im Buch 126
Misstrauenskultur 45
Mit gleicher Münze zurückzahlen 89
Mobbing 67
Moralischer Nihilismus 16
Motivation 47, 79, 83, 85, 97, 109, 138

Nationalsozialismus 97
Notlüge 39

OBI 75
Opfermentalität 89
Opportunismus 23, 70, 101, 103

Pareto-Regel 100
Persönliche Ist-Analyse 108
Potenzial der Stagnation 40
Prinzipaler Habitus 69
Prozyklisches Denken 100

Reibungsverursacher 40
Renditekennzahl 26
Richard Whiteley 96

Saint-Exupéry 83
Salutogenese 23
Schwarze Schafe 36
Selbsteinschätzungsfragebogen 112
Service, Beispiele 53
Sitzfleisch-Dilemma 71
Sozialismusromantik 15
Sparringspartner 105

Teamentwicklungsprozesse 79
Technikfeindlichkeit 98
The Right Way GmbH 128

Thomas Mann 18
Truppenmoral 43

Überlistungsmaßnahmen 124
Umbreit Associates 129

Verbale Grobheit par excellence 65
Verfolgerrolle 89
Verhaltenswissenschaftler Blake und Mouton 79
Vertrauen plus Vertrauensvorschuss 97, 123
Vertrauenskultur 27, 45, 97, 120, 125
Video- und Audioüberwachung 124
Visionen 98

WERtekanon 77f., 82, 85
WERteleitfaden@DMVeV.de 32
WERtevernichtung 71

Yellow Press 43

Ziele 98
Zielkonflikte 17
Zukunftsperspektive, Zukunftsoptimismus 28
Zukunftsglaube 25, 97
Zusammenwachsen der Kulturen 38

Im gleichen Verlag erhältlich:

Deutscher Manager-Verband e. V. (Hrsg.)

Handbuch Soft Skills
Band 1: Soziale Kompetenz
Band 2: Psychologische Kompetenz
Band 3: Methodenkompetenz

In Zeiten wachsender Herausforderungen an Manager gelten neben der fachlichen Expertise vor allem Soft Skills inzwischen als die kritischsten Faktoren für den beruflichen Erfolg. Das Problem: Soft Skills werden in keiner Ausbildung systematisch vermittelt oder eingeübt, so dass die meisten Manager hier ernsthafte Defizite aufweisen und den zunehmenden Anforderungen nicht mehr gerecht werden.

Das Handbuch Soft Skills vermittelt in den drei Bänden nicht nur umfangreiches, sondern vor allem auch systematisches Wissen über Sozialkompetenz (Band 1), Psychologische Kompetenz (Band 2) und Methodenkompetenz (Band 3).

Im gleichen Verlag erhältlich:

Band 1: Soziale Kompetenz

2003, 276 Seiten, zahlreiche Abbildungen,
Format 17 x 24 cm, gebunden, ISBN 3 7281 2878 3

Im ersten Band «Sozialkompetenz» werden die Kompetenzfelder Kommunikation, Rhetorik und Verhandlungstechnik, Körpersprache, Konfliktmanagement und Mediation sowie Teamarbeit praxisnah anschaulich und nachvollziehbar aufgearbeitet.

Band 2: Psychologische Kompetenz

2004, 352 Seiten, zahlreiche Abbildungen, Tabellen und Checklisten,
Format 17 x 24 cm, gebunden, ISBN 3 7281 2879 1

Im zweiten Band «Psychologische Kompetenz» werden die Kompetenzfelder Motivation, Konzentration und Entspannung, Denktechniken und Denkgewohnheiten, Effiziente Lerntechniken sowie Lesetechniken praxisnah, anschaulich und nachvollziehbar aufgearbeitet.

Band 3: Methodenkompetenz

2004, 408 Seiten, zahlreiche Abbildungen, Tabellen und Checklisten,
Format 17 x 24 cm, gebunden, ISBN 3 7281 2880 5

Im dritten Band «Methodenkompetenz» werden die Kompetenzfelder Zeitmanagement und Zielplanung, Kreativität und Problemlösung, Entscheidungsfindung, Arbeitsmethodik und Projektmanagement sowie Präsentation und Moderation praxisnah, anschaulich und nachvollziehbar aufgearbeitet.

Das Ziel der Bücher liegt nicht nur darin, den Leser über Soft Skills zu informieren, sondern ihn in seiner Methodenkompetenz tatsächlich fit zu machen. Methodisch orientieren sich die Bücher daher an höchsten didaktischen Ansprüchen, die den Lernerfolg drastisch steigern.

Im gleichen Verlag erhältlich:

Deutscher Manager-Verband e. V. (Hrsg.)
Die Zukunft des Managements
Perspektiven für die Unternehmensführung

*2003, 416 Seiten,
zahlreiche Abbildungen,
Format 17 x 24 cm, gebunden,
ISBN 3 7281 2862 7*

Sinkende Gewinne, Verluste bis hin zur Insolvenz sind die Folgen falscher Zukunftsstrategien: Wer in Erwartung unrealistischer Konstellationen an die Zukunft heute Fehler macht, wird dies morgen bitter zu spüren kriegen. Denn nichts ist für den wirtschaftlichen Erfolg wichtiger als eine zutreffende Erwartungshaltung an die Zukunft.

Hier setzt «Die Zukunft des Managements» an: Die Publikation beleuchtet unter den vier wichtigen Blickwinkeln Funktionen, Konzepte, Branchen und Ressorts die Herausforderungen, die sich dem Management bis ins Jahr 2010 stellen. Der Leser erfährt von gefragten Experten aus Universitäten, Unternehmen und Beratungsgesellschaften, welche Weichen heute zu stellen sind, um morgen erfolgreich zu sein und an der Konkurrenz vorbeizuziehen.

Das Buch wendet sich an alle Entscheider im Top- und Middlemanagement sowie an Forschende in der Betriebswirtschafts- und Managementlehre, die sich mit Zukunftsfragen beschäftigen.

Im gleichen Verlag erhältlich:

Christian Eric Erbacher
Grundzüge der Verhandlungsführung

2005, 160 Seiten,
Format 17 x 24 cm, gebunden
ISBN 3 7281 2937 2

Verhandlungen gehören zu den grundlegenden Aktivitäten im Alltag von Unternehmern und Führungskräften. Doch trotz der hohen Praxisrelevanz der Verhandlungsführung mangelt es vielen Verhandlungsführern an vertieften Kenntnissen über diese häufig unterschätzte Disziplin. Diese Kenntnisse werden in diesem Buch vermittelt – denn Verhandeln ist nicht nur Kunst, sondern vor allem auch Handwerk.

Die Besonderheiten dieses Werkes liegen in seiner systematischen Vorgehensweise, der komprimierten Darstellung, der theoretischen Fundierung und der dennoch praxisnahen, verständlichen Sprache.

Es zeigt ganz bewusst nicht die Taktiken, mit denen der Verhandlungspartner möglichst geschickt ausgetrickst werden kann. Im Gegenteil setzt es auf die faire, für beide Seiten Gewinn bringende Verhandlung, die für eine vertrauensvolle zukünftige Zusammenarbeit unerlässlich ist.

Das Buch ist ein Gewinn für alle Praktiker, die sich nicht nur auf ihre Intuition verlassen, sondern die Grundlagen der Verhandlungsführung systematisch erlernen wollen.